新动能·新未来：冰雪产业的发展路径与机制

曹焕男　李洪梅　程君杰　著

中国商业出版社

图书在版编目(CIP)数据

新动能·新未来：冰雪产业的发展路径与机制 / 曹焕男，李洪梅，程君杰著. -- 北京：中国商业出版社，2025. 3. -- ISBN 978-7-5208-3335-6

Ⅰ. G812

中国国家版本馆 CIP 数据核字第 2025WU2023 号

责任编辑：管明林

中国商业出版社出版发行

（www.zgsycb.com　100053　北京广安门内报国寺 1 号）

总编室：010－63180647　编辑室：010－83114579

发行部：010－83120835/8286

新华书店经销

天津和萱印刷有限公司印刷

*

787 毫米×1092 毫米　16 开　7.75 印张　134 千字

2025 年 3 月第 1 版　2025 年 3 月第 1 次印刷

定价：45.00 元

* * * *

前　言

随着体育旅游产业的蓬勃兴起，冰雪产业正以前所未有的速度蓬勃发展，成为推动经济社会发展的新引擎。从传统的冰雪旅游、体育赛事到新兴的冰雪科技、文化创意，冰雪产业的多元化发展态势日益显著，不仅丰富了人们的冬季生活体验，也为地方经济的转型升级提供了广阔空间。面对这一新兴领域的巨大潜力，探索其可持续的发展路径与高效运行机制显得尤为重要。因此，深入研究冰雪产业的发展路径与机制，对于把握未来趋势、激发产业活力、促进经济社会全面发展具有深远意义。

本书首先深入探讨冰雪产业的多元化体系构建；其次探索了冰雪经济高质量发展的创新路径；再次对冰雪产业链协同发展的深度剖析与实践进行了介绍；最后对冰雪产业科技创新机制的强化进行了深入研究。希望通过本书的出版，能够为读者在冰雪产业的发展路径与机制方面提供帮助。

在写作过程中，笔者参阅了相关文献资料，在此，谨向其作者深表感谢！

由于水平有限，疏漏在所难免，希望广大读者批评指正。

作　者

2025 年 1 月

前言

目 录

第一章 冰雪产业的多元化体系构建

第一节 冰雪产业的全面发展

一、冰雪赛事的多样化发展

(一) 冰雪赛事的类型创新

如今，冰雪赛事不再局限于传统的滑雪和冰球，而是呈现出项目多样化的趋势。这些赛事涵盖了冰壶、滑雪、雪板等多种形式，吸引了不同兴趣和水平的参与者。这一趋势不仅丰富了冰雪体育的内涵，也扩大了其受众群体，推动了冰雪产业的全面发展。通过引入新兴冰雪运动，如冰雪攀岩、雪地摩托等，赛事类型得到了极大的丰富。这些新兴项目不仅为观众带来了新鲜刺激的观赛体验，也激发了更多参与者的热情，推动了冰雪运动的普及和推广。

科技创新为冰雪赛事注入了新的活力。虚拟冰雪赛事，利用了虚拟现实技术进行开展，极大地提升了观赛体验和参与感。观众可以通过虚拟现实设备，身临其境地感受赛事的紧张氛围和运动员的精彩表现。这种创新的观赛方式不仅吸引了大量年轻观众，也为冰雪赛事的推广和普及提供了新的渠道。此外，虚拟冰雪赛事的开展也为那些因地理限制无法参与现场观赛的观众提供了便利，使冰雪赛事的影响力得到了进一步的扩大。

冰雪赛事的地域特色发展是其多样化的重要组成部分。结合当地文化和自然资源，创造独特的赛事品牌，不仅提升了赛事的吸引力，也促进了地方经济的发展。例如，在一些拥有丰富冰雪资源的地区，结合当地的文化元素，打造具有地方特色的冰雪赛事，不仅吸引了大量游客，也带动了相关产业的发展。这种地域特色的发展模式，不仅提升了冰雪赛事的品牌影响力，也为冰雪产业的可持续发展提供了新的思路。

探索冰雪赛事与其他项目的跨界合作，是提高赛事影响力和参与度的重要途径。举办综合性体育节，不仅可以吸引更多的观众和参与者，也为不同项目之间的交流与合作提供了平台。例如，将冰雪赛事与音乐节、美食节等结合，打造综合性的体育文化盛宴，不仅丰富了赛事的内容，也提升了观众的参与体验。这种跨界合作的模式，为冰雪赛事的多样化发展提供了新的可能性，也为冰雪产业的未来发展指明了方向。

（二）市场需求导向的赛事开发

通过深入的市场调研，能够精确识别不同年龄段和技能水平的参与者需求，从而开发出多元化的冰雪赛事。这不仅满足了广泛参与者的需求，也促进了冰雪运动的普及和推广。不同的冰雪赛事项目可以吸引不同层次的参与者，从初学者到专业选手，使冰雪赛事更具包容性和吸引力。通过市场调研，冰雪赛事组织者可以更好地理解参与者的偏好和期望，从而设计出更具吸引力和互动性的冰雪赛事活动。

建立赛事反馈机制是优化赛事体验的重要环节。通过及时收集参与者和观众的意见反馈，冰雪赛事组织者可以在冰雪赛事设置和组织上进行持续改进，以提高参与者的满意度。反馈机制不仅能帮助识别冰雪赛事体验中的不足之处，还能为未来的冰雪赛事策划提供宝贵的见解。通过这种动态的反馈机制，冰雪赛事可以不断适应市场变化，保持其吸引力和竞争力。同时，参与者和观众的积极反馈也能为冰雪赛事的口碑传播起到积极作用，进一步提升冰雪赛事的知名度和影响力。

结合季节性和地域性特点，设计具有地方特色的冰雪赛事是吸引游客和当地居民的重要策略。季节性因素决定了冰雪运动的时间窗口，而地域性特点则赋予冰雪赛事独特的文化和自然背景。通过整合这些元素，冰雪赛事可以创造出独特的体验，吸引更多的参与者。地方特色不仅能增强冰雪赛事的文化内涵，还能促进当地文化的传播和交流。这样的冰雪赛事设计不仅能提升地方旅游业的发展，还能增强当地居民的参与感和自豪感，形成良好的社会效应。

与旅游、酒店等相关行业的合作，是提升冰雪赛事综合经济效益的有效途径。通过推出冰雪赛事套餐，冰雪赛事组织者可以刺激市场消费，增加冰雪赛事的附加值。这种跨行业的合作能够为参与者提供一站式的服务体验，从而提升整体满意度。冰雪赛事套餐不仅包含赛事门票，还可能包括住宿、交通、餐饮等服务，极大地方便了参与者的旅行安排。通过这样的合作，冰雪赛事不仅能吸引更多的参与者，还能带动相关行业的经济增长，实现多方共赢的局面。

（三）冰雪赛事组织与管理的现代化

建立专业化的冰雪赛事管理团队是关键，团队成员需要具备丰富的冰雪赛事组织经验和管理能力，以确保冰雪赛事的组织、协调和执行高效有序。这样的团队能够在赛事前期进行周密的策划，确保每个环节都井然有序，从而提高赛事的整体质量和参与者的满意度。

运用先进的信息技术来开发冰雪赛事管理系统是现代化管理的核心。通过这些系统，可以实现在线报名、实时数据分析和赛事直播等功能，极大地方便了参赛者和观众。在线报名系统简化了参赛者的注册流程，实时数据分析为冰雪赛事的动态调整提供了数据支持，而冰雪赛事直播则拓宽了冰雪赛事的观众群体，提高了冰雪赛事的影响力和商业价值。

制定标准化的冰雪赛事流程和规章制度也是现代化管理的重要组成部分。通过这些标准化的流程，可以提高冰雪赛事的透明度和公正性，增强参与者的信任感。同时，明确的规章制度能够有效地减少争议和纠纷，确保冰雪赛事的顺利进行。这些制度的建立不仅有利于冰雪赛事的当前发展，也为未来的冰雪赛事奠定了坚实的基础。

加强冰雪赛事志愿者的培训与管理是提升冰雪赛事服务质量的有效途径。志愿者是冰雪赛事服务的重要组成部分，他们的服务质量直接影响到参赛者和观众的体验。通过系统的培训，志愿者可以更好地了解冰雪赛事的各个环节和流程，从而提供更加专业和高效的服务，营造良好的冰雪赛事氛围。

建立多方合作机制是冰雪赛事可持续发展的保障。通过整合政府、企业和社会组织的资源，可以在资金、技术和人力等方面形成合力，共同推动冰雪赛事的可持续发展。这种合作机制不仅能提高冰雪赛事的整体水平，还能为冰雪体育产业的发展提供强有力的支持，推动产业的多元化和国际化进程。

（四）冰雪赛事与媒体的战略合作

通过建立冰雪赛事与媒体的战略合作伙伴关系，可以实现冰雪赛事信息的快速传播和共享，从而提升冰雪赛事的知名度和影响力。这种合作不仅能够扩大冰雪赛事的受众范围，还可以增强冰雪赛事的商业价值和社会影响力。媒体作为信息传播的重要渠道，其参与能够为冰雪赛事带来更多的曝光机会和关注度，进一步推动冰雪产业的发展。

在现代信息社会中，社交媒体平台的广泛应用为冰雪赛事的宣传提供了新的契机。通过利用社交媒体进行冰雪赛事宣传和实时互动，可以增强观众的参与感和冰雪赛事的观赏性。社交媒体的互动性和即时性使观众能够在第一时间获取冰雪赛事信息，并参与到冰雪赛事讨论中。这种互动不仅能够提升观众的参与体验，还可以通过观众的分享和评论进一步扩大冰雪赛事的影响范围，形成良好的传播效应。

冰雪赛事直播技术的开发是提升冰雪赛事转播质量和体验的关键。高质量的冰雪赛事直播能够吸引更多观众关注冰雪赛事，增加冰雪赛事的观赏性和市场吸引力。通过引入先进的直播技术，冰雪赛事组织者可以提供高清晰度、多角度的冰雪赛事画面，使观众能够更全面地了解冰雪赛事动态。此外，互动功能的加入，如实时评论和投票，也可以增强观众的参与感，提高冰雪赛事的吸引力。

举办冰雪赛事相关的媒体活动，邀请媒体参与冰雪赛事报道和评论，是增进媒体对冰雪运动理解和支持的重要方式。通过媒体活动，冰雪赛事组织者可以向媒体展示冰雪运动的魅力和价值，增进媒体与冰雪产业之间的联系。媒体的参与不仅能够提升冰雪赛事的报道质量，还可以通过媒体的专业视角和影响力，扩大冰雪运动的社会认知度和关注度，为冰雪产业的发展营造良好的舆论环境。

利用数据分析技术评估媒体传播效果，是优化冰雪赛事宣传策略的重要手段。通过对媒体传播效果的分析，冰雪赛事组织者可以了解不同媒体渠道的传播效果和观众反应，从而调整和优化宣传策略。数据分析技术的应用能够帮助冰雪赛事组织者精准把握观众需求，提升冰雪赛事的市场价值和吸引力。这种基于数据的策略优化不仅能够提高宣传效率，还可以为冰雪产业的发展提供科学的决策依据。

二、冰雪健身休闲产业推广

（一）多样化健身休闲项目的开发

冰雪健身休闲产业的推广在于开发多样化的健身休闲项目，以满足不同人群的需求。开发适合不同年龄段的冰雪健身休闲项目显得尤为重要。针对家庭群体，可以设计亲子滑雪项目，通过专门的课程和设施，让家长和孩子共同体验滑雪的乐趣。对于老年人，则可以推出冰上健身项目，结合低强度的运动方式，确保安全的同时提升其身体素质。这样的项目设计不仅丰富了冰雪运动的参与形式，也拓宽了其受众范围。

新兴的冰雪休闲活动的引入是提升冰雪健身项目吸引力的重要途径。冰雪瑜伽作为一种新兴的健身方式，结合了冰雪环境的独特性，不仅能够提升参与者的身体柔韧性和心灵宁静，还能提供与自然亲密接触的机会。雪地徒步则为户外爱好者提供了一种新的体验方式，通过步行探索冰雪覆盖的自然景观，达到身心的放松和锻炼的双重效果。这些新兴活动的引入，丰富了冰雪健身项目的选择，吸引更多人参与。

结合当地特色推出冰雪健身休闲套餐，是提升整体吸引力的有效策略。通过整合滑雪、温泉、餐饮等多种体验，打造出独具特色的休闲套餐，可以为游客提供一站式的服务体验。这不仅能提升游客的满意度，还能促进当地经济的发展。这样的套餐设计需要充分考虑当地的自然资源和文化背景，以确保其独特性和吸引力，从而在竞争激烈的市场中脱颖而出。

科技手段的利用为冰雪健身休闲产业的发展带来了新的机遇。开发线上冰雪健身课程和社区，可以打破时间和空间的限制，让更多人参与冰雪健身。通过线上课程，参与者可以在家中学习冰雪健身技巧，而社区的建立则增强了参与者之间的互动性和社交体验。这样的科技应用不仅提升了用户的参与感，也为冰雪健身产业开辟了新的发展路径。

冰雪健身休闲活动的推广活动，如冰雪嘉年华，是吸引公众参与的重要方式。通过举办大型的冰雪主题活动，可以提升冰雪健身的知名度和普及率。这样的活动不仅能吸引大量游客，还能通过媒体的广泛报道提升品牌形象。这种推广策略需要精心策划，以确保活动的吸引力和影响力，从而为冰雪健身休闲产业的发展注入新的活力。

（二）冰雪健身场馆的建设与优化

冰雪健身场馆的选址应充分考虑交通便利性和周边配套设施的完善，以提升参与者的便利性和体验感。例如，选择靠近城市交通枢纽或公共交通线路的地点，可以有效减少参与者的出行时间，提高场馆的吸引力。此外，周边配套设施如餐饮、住宿和购物等服务的完善，也能为参与者提供更为全面的体验，增加他们的活动时间和消费意愿，从而提高场馆的经济效益。

在场馆设计方面，多功能性是一个重要的考量因素。现代冰雪健身场馆不仅需要提供滑雪、冰上运动等传统项目，还应结合休闲娱乐活动，满足不同年龄段和兴趣群体的需求。这种多功能场馆设计可以通过灵活的空间布局和可调节的设施配置来实现，使场馆在非冰雪季节也能被充分利用，从而提高场馆的使用效率和经济效益。

引入绿色建筑理念是冰雪健身场馆可持续发展的重要举措。在场馆建设过程中，采用可再生能源和环保材料，不仅可以降低能耗和运营成本，还能减少对环境的负面影响，提升场馆的生态友好性。例如，利用太阳能、风能等清洁能源为场馆供电，或者在建筑材料选择上优先考虑可回收和低碳排放的材料，都是切实可行的措施。这种绿色建筑策略不仅符合现代环保趋势，也能提升场馆的社会形象和公众认可度。

智能化建设是提升冰雪健身场馆管理水平和用户体验的重要手段。通过物联网技术的应用，场馆可以实现设备的实时监控、能耗的精准管理以及用户体验的个性化优化。例如，智能感应设备可以实时监测场馆内的温度、湿度等环境参数，自动调节空调系统，以保持最佳的运动环境；同时，智能化的用户管理系统可以根据用户的历史数据，提供个性化的活动建议和服务，提升用户的满意度和忠诚度。

建立健全的安全管理体系是确保冰雪健身场馆运营安全的基础。场馆内的设施和活动必须符合相关安全标准，定期进行检查和维护，以防止意外事故的发生。同时，场馆应制定详细的应急预案，定期组织安全演练，提高工作人员和参与者的安全意识和应急能力。通过这些措施，场馆可以有效提升参与者的信任和满意度，进一步推动冰雪健身休闲产业的健康发展。

（三）社区冰雪运动的普及与推广

建立社区冰雪运动推广小组，能够有效组织和管理各种活动，如定期的冰雪运动体验活动。这不仅增强了居民的参与感和归属感，还为居民提供了一个相互交流和学习的平台，从而促进社区的凝聚力。推广小组可以包括冰雪运动爱好者、社区领袖以及专业教练，他们的多元化背景能够为活动的策划和执行提供丰富的视角和资源。

在社区推广冰雪运动的过程中，利用社区中心和学校等公共场所开展冰雪运动知识讲座和技能培训是至关重要的。这些活动不仅能够提高居民对冰雪运动的认知，还可以激发他们的兴趣。通过邀请专业教练和运动员分享他们的经验和技巧，居民可以获得第一手的专业指导。这种教育和培训的方式有助于消除人们对冰雪运动的陌生感和畏惧感，使更多人愿意尝试和参与。

与当地企业的合作是社区冰雪运动推广的重要策略。通过提供冰雪运动的优惠活动和体验套餐，降低了居民参与的经济门槛，使冰雪运动更加亲民。这种合作不仅为企业带来了潜在的商业机会，也为居民提供了更为多样化和经济实惠的运动选择。企业可以通过赞助活动、提供设备和场地支持等方式参与其中，形成互利共赢的局面。

社交媒体和社区宣传渠道在现代社会中具有很大的影响力。通过这些平台，社区可以分享冰雪运动的成功故事和参与者的体验，营造积极的社区氛围。这种宣传不仅能够激励更多居民参与，还可以提升社区的整体形象。通过视频、图片和文字等多种形式展示冰雪运动的魅力和乐趣，社区能够吸引不同年龄层和背景的人群参与其中。

社区志愿者是推动冰雪运动普及的重要力量。鼓励志愿者参与冰雪运动的组织与管理，不仅提升了活动的专业性和服务质量，还增强了居民的参与意愿。志愿者可以协助活动的策划、执行和后勤支持，确保活动的顺利进行。同时，他们的参与也为社区注入了活力，促进了居民之间的互动和合作。这种参与模式有助于培养居民的责任感和社区归属感。

三、冰雪体育培训的普及与提升

（一）冰雪体育培训机构的标准化建设

建立统一的培训课程体系至关重要，这一体系应涵盖冰雪运动的基础知识、技能培训和安全管理等方面，以确保培训内容的科学性和系统性。通过系统化的课程设计，学员能够全面掌握冰雪运动的理论基础和实践技能，为其参与冰雪活动打下坚实的基础。此外，培训课程的标准化有助于减少因培训内容不一致而导致的学习效果差异，从而提升培训的整体质量和学员的学习体验。

制定培训机构的认证标准是提升培训专业性和可信度的另一关键措施。认证标准应包括对师资力量、设施设备和教学质量的严格要求，以确保培训机构具备足够的专业能力和资源来提供高质量的培训服务。通过认证，培训机构不仅可以获得市场的认可，还能吸引更多有志于冰雪运动的人士参与培训。认证标准的实施也有助于规范市场秩序，遏制不规范培训机构的滋生，为冰雪体育培训行业的健康发展提供保障。

引入先进的教学方法和评估体系是提升学员技能的重要手段。结合理论与实践的教学模式，设置阶段性考核，使学员在逐步提升技能的同时，能够清晰地了解自身的学习进度和不足之处。这种教学方法不仅提高了培训的有效性，还激发了学员的学习兴趣和积极性。评估体系的科学性和公正性也为学员提供了明确的学习方向和目标，从而促进其持续进步。

加强与国际冰雪运动组织的合作，借鉴其培训经验和标准，是推动本土冰雪体育培训机构国际化发展的重要策略。通过国际合作，国内培训机构可以引进先进的培训理念和技术，提升自身的竞争力。这种合作不仅有助于提高培训机构的国际知名度，还能为学员提供更为广阔的学习和交流平台，使其能够在全球视野下提升自身的冰雪运动技能和素养。

建立学员反馈机制是持续优化培训课程和教学质量的重要保障。定期收集学员的意见和建议，有助于发现培训过程中存在的问题，并及时进行调整和改进。通过不断优化课程内容和教学方法，培训机构能够提升学员的满意度和参与度，增强其对冰雪运动的热爱和投入。学员反馈机制的有效运行，也为培训机构的良性发展注入了源源不断的动力。

（二）多层次冰雪体育人才培养体系

建立多层次冰雪体育人才培养体系需要从基础教育、职业培训到高端人才引进，形成一个完整的结构，以满足不同层次的需求和发展目标。基础教育阶段应融入冰雪运动的基本知识和技能，培养学生的兴趣和参与意识。在职业培训方面，需设立针对性的课程和项目，提升从业者的专业技能和服务水平。高端人才的引进则应注重国际视野，通过引入先进的管理理念和技术，推动行业的创新与发展。

加强与高校和职业院校的合作是实现多层次人才培养的有效途径。设立冰雪运动相关专业，将冰雪运动的理论与实践相结合，培养出具有专业化知识和技能的人才，进而提升整个行业的素质。高校可以通过开设冰雪运动管理、体育科学等相关课程，培养具备创新能力和领导力的高端人才。而职业院校则可以重点培养技术人才，满足行业对技术工人和服务人员的需求。这种合作不仅能提高教育质量，还能为学生提供更多的实践机会，增强其就业竞争力。

推动冰雪体育教练员和裁判员的专业培训是提升行业水平的重要措施。制定清晰的职业发展路径，为从业者提供持续学习和进步的机会，是提升其执教和管理能力的关键。通过系统的培训和资格认证，确保教练员和裁判员具备专业的知识和技能。培训内容应包括最新的教学方法、运动科学知识以及管理技能，以适应不断变化的行业需求。此外，建立教练员和裁判员的职业发展机制，激励他们不断提升自我，推动行业的可持续发展。

建立冰雪运动运动员的选拔和培养机制，特别是注重青少年及儿童的早期培训，是培养后备人才的基础。通过在学校和社区推广冰雪运动，发现和选拔具有潜力的青少年运动员，并为他们提供系统的培训和支持。早期培训不仅能提高青少年的运动技能，还能培养他们的团队合作和竞争意识。此外，建立科学的选拔机制，确保选拔过程的公平和透明，为冰雪运动的发展储备充足的人才资源。

引入国际先进的培训理念和方法，借助国内外专家的指导，是提升本土冰雪体育人才专业水平和国际竞争力的有效途径。通过与国际组织和机构的合作，学习先进的训练方法和管理经验，提升国内教练员和运动员的水平。邀请国际专家来华举办讲座和培训，分享他们的成功经验和最新研究成果，为国内人才提供更多的学习机会。这种国际化的培训方式，不仅能提高本土人才的专业能力，还能促进国内冰雪体育产业与国际接轨，实现更高水平的发展。

（三）冰雪运动专项技能培训的创新

通过创新的培训课程设计，结合虚拟现实与增强现实技术，学员能够在一个高度沉浸的环境中学习冰雪运动技能。这种技术的应用不仅提升了学员的参与感，还显著改善了学习效果。虚拟现实与增强现实技术能够模拟真实的冰雪场景，让学员在视觉和触觉上都能感受到冰雪运动的真实体验，从而激发他们的学习兴趣和动力。此外，这些技术还能实时反馈学员的动作表现，帮助他们进行自我调整和改进，进而提升整体的学习效果。

在培训模式的多样化方面，结合线上学习与线下实操的混合模式成为冰雪运动技能培训的一大亮点。这种模式不仅能满足不同学员的学习需求，还能灵活安排学习时间，使学员能够在自己的节奏下掌握技能。在线学习平台提供了丰富的理论知识和视频教程，而线下实操则让学员能够在真实环境中进行技能应用和实践。通过这种结合，学员不仅能全面掌握理论知识，还能在实践中不断提高技能水平，达到事半功倍的效果。

为了提高培训的安全性和有效性，引入模拟训练设备是一项重要的创新。这些设备能够为学员提供一个安全的训练环境，尤其是在进行高强度的技能训练时，能够有效降低受伤的风险。模拟设备可以精确模拟冰雪运动中的各种情境，使学员在训练中能够更好地适应不同的挑战和状况。通过反复的模拟训练，学员能提高自身的反应速度和动作协调性，从而在实际运动中表现得更加出色。

个性化的训练计划是冰雪运动技能培训中不可或缺的一部分。根据每位学员的基础水平和目标，量身定制培训内容，确保每位学员都能获得最佳的学习效果。个性化的训练计划不仅关注学员的技能提升，还注重他们的兴趣和特长发展。通过个性化的指导，学员能够在学习过程中不断挑战自我，提高自信心，并在不断的进步中获得成就感。

建立跨学科的培训团队，为学员提供全方位的支持和指导，是冰雪运动技能培训创新的重要措施之一。结合运动心理学、营养学等专业知识，培训团队能够帮助学员提升综合素质与竞技能力。心理学的应用能够帮助学员在面对压力和挑战时保持良好的心态，而营养学的指导则确保学员在训练和比赛中拥有充足的能量和最佳的身体状态。通过跨学科的综合培训，学员不仅能提高运动技能，还能在身心素质上得到全面提升，为未来的竞技生涯打下坚实的基础。

四、冰雪体育俱乐部的建设与发展

（一）冰雪体育俱乐部运营模式的创新

冰雪体育俱乐部需要探索会员制与多层次服务的结合，为会员提供定制化的体验。这种模式不仅能满足不同会员的需求和偏好，还能提升会员的忠诚度和参与感。通过分析会员的行为和兴趣，俱乐部可以设计个性化的活动和服务，增强会员的归属感和满意度。这种创新的运营模式要求冰雪体育俱乐部在资源配置和服务设计上具有高度的灵活性和创造力，以便在激烈的市场竞争中脱颖而出。

引入线上线下相结合的运营模式，是提升用户体验和参与度的重要手段。通过数字平台，冰雪体育俱乐部可以实现课程预约、活动报名及社交互动，打破时间和空间的限制，为会员提供便捷的服务。线上平台不仅能提高运营效率，还能通过大数据分析更好地了解会员需求，优化服务内容。同时，线下的实际体验仍然是不可替代的，线上线下的结合能够创造更丰富的用户体验，吸引更多的潜在客户参与冰雪运动。

推动冰雪体育俱乐部与地方企业和社区的合作，能够增强俱乐部的社会影响力和市场竞争力。通过与企业合作，冰雪体育俱乐部可以获得更多的资源支持，如场地、设备和资金等。同时，与社区的合作能够提升冰雪体育俱乐部的社会责任感，通过联合活动和优惠政策，吸引更多的社区成员参与。这种合作模式不仅能提升冰雪体育俱乐部的品牌形象，还能促进地方经济的发展，实现多方共赢的局面。

实施多元化的收入来源策略是冰雪体育俱乐部可持续发展的保障。单一的收入渠道容易受到市场波动的影响，而多元化的收入模式则能有效降低风险。冰雪体育俱乐部可以通过举办赛事、提供培训课程及与品牌合作等方式增加收入来源。这不仅能提高冰雪体育俱乐部的经济效益，还能丰富冰雪体育俱乐部的服务内容，吸引更多的会员和参与者。多元化的收入来源策略要求冰雪体育俱乐部在业务拓展上具有前瞻性的眼光和灵活的应对能力。

（二）冰雪体育俱乐部与社区融合发展

通过与社区建立紧密的合作机制，冰雪体育俱乐部可以定期组织社区冰雪活动，这不仅增强了居民的参与感和归属感，也为冰雪运动在社区内的普及创造了条件。社区活动的多样性和频繁性是提升居民参与度的关键，通过丰富的活动形式和内容，冰雪体育俱乐部能够吸引不同年龄和背景的居民参与，从而在社区中形成浓厚的冰雪运动氛围。

冰雪体育俱乐部还可以通过提供专业的冰雪运动培训和指导，帮助社区居民提升运动技能和健康水平。这种培训不仅提高了居民的运动能力，也在无形中增强了他们的健康意识和生活质量。冰雪体育俱乐部的专业教练和设施为居民提供了良好的学习环境，使他们能够在安全和专业的指导下掌握冰雪运动的基本技能。这种技能的提升，不仅有助于个人健康，也为社区培养出更多的冰雪运动爱好者，推动了冰雪文化的传播和发展。

为了进一步推广冰雪运动，冰雪体育俱乐部可以利用自身的资源和平台，开展社区冰雪运动推广活动。这些活动可以通过比赛、讲座和体验日等多种形式进行，旨在吸引更多居民参与冰雪运动。通过这些推广活动，冰雪体育俱乐部能够提升社区整体的参与率，使更多的人了解并喜爱冰雪运动。与此同时，这些活动也为冰雪体育俱乐部提供了展示自身实力和服务的机会，进一步巩固其在社区中的影响力和号召力。

在与社区的合作中，建立冰雪冰雪体育俱乐部与学校的合作关系也是一个重要的策略。通过为学生提供冰雪运动课程，冰雪体育俱乐部能够促进青少年对冰雪运动的兴趣和参与。这不仅丰富了学生的课外活动，也为他们提供了一个了解和体验冰雪运动的平台。通过与学校的合作，冰雪体育俱乐部可以在青少年中培养出更多的冰雪运动爱好者，为冰雪产业的发展储备后备力量。

（三）冰雪体育俱乐部的品牌建设

品牌不仅是冰雪体育俱乐部的标志，更是其核心价值观和目标受众的象征。通过建立清晰的品牌定位，冰雪体育俱乐部能够明确自身的核心价值和目标受众，从而在市场中占据有利地位。这种定位不仅能帮助俱乐部提升市场竞争力，还能增强用户的认同感，使其成为忠实的支持者和参与者。在品牌定位的过程中，冰雪体育俱乐部需要深入了解市场需求和用户偏好，以确保品牌的定位能够准确反映受众的期望和需求。

制定系统的品牌传播策略是冰雪体育俱乐部提升知名度和影响力的关键步骤。通过多渠道的宣传推广活动，冰雪体育俱乐部可以有效地将品牌信息传递给更广泛的受众。这些活动可以包括传统媒体广告、社交媒体营销、线上线下活动等多种形式，以最大化地覆盖目标人群。此外，冰雪体育俱乐部还应注重与媒体的合作，利用新闻报道和专题节目等形式，进一步扩大品牌的曝光率和影响力。通过这些策略，冰雪体育俱乐部不仅能提高自身的市场地位，还能为品牌的长期发展奠定坚实的基础。

设计独特的品牌形象对于增强冰雪体育俱乐部的视觉识别度和品牌记忆至关重要。这一过程涉及标志、色彩和口号的设计，这些元素不仅要具有视觉吸引力，还需与冰雪体育俱乐部的品牌定位相一致。一个成功的品牌形象能够在观众心中留下深刻的印象，促进品牌的传播和认同。在设计过程中，冰雪体育俱乐部应综合考虑目标受众的文化背景和审美偏好，以确保品牌形象能够得到广泛的接受和喜爱。此外，品牌形象的设计还需具备灵活性，以便在不同的市场环境中进行适当的调整和优化。

积极参与社区活动和社会责任项目是提升品牌社会形象和公众认可度的重要途径。通过参与这些活动，冰雪体育俱乐部不仅能够展示其社会责任感，还能增强与社区居民的情感连接。这种情感连接有助于提升品牌的忠诚度和用户黏性，使冰雪体育俱乐部在社会中树立良好的形象。在选择参与的活动和项目时，冰雪体育俱乐部应优先考虑那些能够与自身品牌价值观相契合的项目，以确保活动的效果和影响力。此外，冰雪体育俱乐部还应通过多种渠道宣传其社会责任活动，以扩大其影响力。

第二节 冰雪文化产业的繁荣

一、冰雪文化活动的丰富与创新

(一) 冰雪文化节庆活动的多元开发

设计多样化的冰雪文化节庆活动，如冰雪嘉年华、冰雕艺术展等，能够吸引不同年龄段和兴趣的参与者。这些活动不仅是单纯参与者的娱乐体验，更是文化交流与传播的载体。通过丰富的活动形式和内容，参与者能够在互动中感受冰雪文化的魅力，增强对冰雪运动和文化的认同感。此外，结合地方特色，开发具有地域文化的冰雪节庆活动，可以增强活动的独特性和吸引力。地方特色不仅赋予活动独特的文化内涵，还能促进地方经济的发展，使冰雪文化活动成为展示地方文化和吸引游客的重要平台。

利用现代科技手段，开展虚拟冰雪文化活动，是冰雪文化节庆活动的创新。虚拟活动可以突破时间和空间的限制，使更多人能够参与其中，提升参与者的互动体验和沉浸感。例如，通过虚拟现实技术，参与者可以在家中体验冰雪运动的刺激，或在虚拟环境中欣赏冰雕艺术的精美。这种技术与文化活动的结合，不仅提高了活动的科技含量，也满足了现代人对便捷和新奇体验的需求。与此同时，虚拟活动还可以作为实体活动的补充，拓宽活动的受众群体和影响范围，形成线上线下相结合的活动模式。

组织冰雪文化主题的比赛和表演，如冰上舞蹈、冰雪运动表演，是丰富节庆活动内容的重要方式。比赛和表演不仅可以激发参与者的兴趣和热情，还能展示冰雪运动的魅力与艺术性。这些活动通过竞技和表演的形式，赋予冰雪文化更多的活力和吸引力，使观众在观赏中获得独特的文化体验。此外，通过比赛和表演，冰雪文化得以更广泛地传播，促进了冰雪运动的普及和发展。这种文化与竞技相结合的活动形式，不仅丰富了节庆活动的内容，也为冰雪文化的推广提供了新的思路。

建立冰雪文化节庆活动的宣传推广机制，是扩大活动知名度和影响力的关键。利用社交媒体和数字平台进行宣传，可以快速有效地将活动信息传递给广大受众，吸引更多人参与其中。社交媒体的互动性和传播速度，使活动的影响力得以迅速扩散。同时，通过精心策划的宣传活动，可以提升活动的品牌形象和文化价值，使其在众多文化活动中脱颖而出。数字平台的应用，也为活动的推广提供了更多的可能性，如通过直播平台进行活动的实时转播，使未能亲临现场的观众也能感受活动的氛围和精彩内容。通过这些措施，冰雪文化节庆活动的影响力将得到进一步提升，推动冰雪文化产业的持续繁荣。

（二）冰雪文化与艺术的融合创新

冰雪文化艺术作品的创作与展示，不仅是文化传播的方式，更是文化价值的体现。通过鼓励艺术家运用冰雪元素进行创新，冰雪文化的艺术价值和吸引力得到了显著提升。这种创新不仅体现在作品的内容上，也体现在形式上，使冰雪文化在全球文化市场中占据一席之地。艺术家们通过多样化的艺术手段，如雕塑、绘画等，将冰雪文化的独特魅力展现得淋漓尽致，吸引了大量观众和收藏者的关注。

冰雪主题的音乐、舞蹈和戏剧等表演艺术形式为冰雪文化提供了丰富的表现手法。这些艺术形式不仅丰富了冰雪文化的内涵，也拓展了其外延，使之能够吸引更广泛的观众群体。通过这些艺术表演，观众不仅能够感受冰雪运动的激情与魅力，也能够体验冰雪文化的深厚底蕴。这种多元化的艺术表达方式，为冰雪文化的传播注入了新的活力，使其在世界文化舞台上焕发出新的生机。

推动冰雪文化与当代艺术的跨界合作，是冰雪文化与艺术融合创新的另一重要方面。这种跨界合作不仅为冰雪文化带来了新的艺术表现形式，也为当代艺术提供了新的灵感来源。通过鼓励艺术家与冰雪运动员共同创作，形成独特的艺术表现形式，冰雪文化的传播范围和影响力得到了极大的扩展。这种合作不仅提升了冰雪文化的艺术价值，也为艺术家和运动员提供了展示才华的平台，促进了文化与体育的双向交流。

举办冰雪文化与艺术的交流活动，如艺术展览、创意工作坊等，是促进艺术家、运动员与公众互动的重要途径。这些活动不仅为艺术家和运动员提供了展示才华的舞台，也为公众提供了参与冰雪文化的机会。通过这些活动，公众能够更深入地了解冰雪文化，提升对冰雪文化的参与感和认同感。这种互动不仅有助于文化的传播，也有助于冰雪文化产业的可持续发展。

（三）冰雪文化体验项目的设计与推广

多元化的冰雪文化体验项目，诸如冰雪主题的互动展览和体验馆，极大地提升了参与者的沉浸感和互动性。通过精心设计的展览内容和互动环节，参与者不仅能够直观地感受到冰雪文化的魅力，还可以通过多感官的刺激，深入理解冰雪文化的内涵。这种体验形式打破了传统文化传播的局限，使冰雪文化能够以更为生动和直观的方式呈现给公众。

结合冰雪运动与地方文化，推出具有地域特色的体验项目，如冰雪民俗表演和传统手工艺制作，不仅丰富了冰雪文化的表现形式，还增强了参与者的文化认同感。地方文化元素的融入，使冰雪文化体验项目更具吸引力和独特性，吸引了来自不同背景的参与者。这种结合不仅是对冰雪文化的传承，更是对地方文化的弘扬，彰显了冰雪文化的多样性和包容性。

利用虚拟现实技术开发冰雪文化体验应用，为参与者提供了在虚拟环境中感受冰雪文化魅力的新途径。这种技术的应用突破了时间和空间的限制，使参与者能够在任意地点体验到冰雪文化的精髓。虚拟现实技术不仅增强了体验的趣味性和互动性，还为冰雪文化的传播提供了创新的解决方案，拓展了冰雪文化的参与方式和受众范围。

组织冰雪文化主题的工作坊和讲座，邀请专业人士分享冰雪文化知识和技能，是提升公众参与意识和兴趣的重要手段。这些活动通过专业的讲解和实际操作，让参与者在轻松愉快的氛围中学习冰雪文化的相关知识和技能。通过这样的活动，公众不仅可以获得知识，还能激发对冰雪文化的兴趣，进而促进冰雪文化的普及和发展。

开展冰雪文化体验活动的宣传推广，通过社交媒体和社区活动吸引更多人参与，是提高冰雪文化影响力和普及率的有效策略。在当今信息化社会中，社交媒体的传播速度和广泛覆盖使其成为冰雪文化推广的重要平台。通过精心策划的宣传活动，冰雪文化得以在更大范围内传播，吸引更多人关注和参与，进而推动冰雪文化产业的繁荣发展。

二、冰雪文化产品的开发与推广

（一）特色冰雪文创产品的设计与制作

结合冰雪元素的手工艺品设计，不仅能创造出具有地方特色的文创产品，还能吸引游客和收藏者的兴趣。通过将冰雪元素融入传统手工艺中，这些产品不仅具有观赏价值，更承载了地方文化的深厚底蕴。手工艺品的设计需注重工艺的精细化和多样化，以满足不同消费者的审美需求，进而提升产品的市场竞争力。

开发冰雪主题的家居用品是满足市场对个性化和时尚化需求的有效途径。随着生活水平的提高，消费者对家居用品的要求逐渐从实用性转向个性化和艺术化。冰雪图案的床品、装饰品等家居用品，不仅能为居住空间增添独特的艺术氛围，还能体现出使用者的个性品位。在设计这些产品时，应注重图案的创新性和材料的舒适性，以确保产品能够在市场上获得青睐。

设计互动体验型文创产品是提升文化认同感的重要手段。通过鼓励参与者在制作过程中与冰雪文化进行深度互动，这类产品能够让消费者在体验中感受到冰雪文化的独特魅力。这种体验式的产品设计，不仅能增强消费者的参与感和认同感，还能为冰雪文化的传播提供新的途径。设计者应注重产品的互动性和趣味性，让消费者在参与中获得愉悦的体验。

运用可持续材料进行冰雪文创产品的设计，倡导环保理念，已成为现代设计的重要趋势。随着全球环保意识的增强，越来越多的消费者开始关注产品的环保性能。通过在设计中使用可持续材料，不仅能降低对环境的影响，还能提升产品的社会责任感。这种设计理念的运用，不仅能满足消费者的环保需求，还能为企业树立良好的社会形象。

（二）冰雪文化品牌的创建与推广

建立冰雪文化品牌的核心价值观是品牌定位的基础，它不仅需要明确品牌的独特性，还要与目标受众的需求和期望相契合。通过明确的品牌定位，品牌能够在市场中脱颖而出，吸引目标受众的关注，并在竞争激烈的市场中占据一席之地。核心价值观的建立需要深入研究冰雪文化的内涵和市场趋势，以确保品牌能够在文化和商业上实现双赢。

系统的品牌传播策略是提升品牌知名度和影响力的重要手段。通过多渠道的宣传推广活动，品牌能够在不同的媒体平台上与受众进行互动，扩大品牌的传播范围。在数字化时代，社交媒体、网络广告和线下活动相结合的传播策略，能够有效地提高品牌的曝光率。同时，精心策划的活动和内容能够引发受众的共鸣，增强品牌的影响力和市场渗透力。这种策略不仅需要创新性的思维，还需要对市场和受众的深入了解。

设计独特的品牌形象是增强品牌识别度的重要步骤。一个成功的品牌形象不仅需要有视觉上的吸引力，还需要能传达品牌的核心价值和理念。通过精心设计的视觉标识、色彩和口号，品牌能够在受众心中留下深刻的印象。这种视觉元素的统一性和独特性，有助于品牌在市场中建立鲜明的形象，增强公众的记忆力和认同感。品牌形象的设计需要与品牌的整体定位和战略相一致，以确保品牌的长期发展。

积极参与社会责任项目和社区活动是提升品牌社会形象的重要途径。这不仅能展示品牌的社会责任感，还能与目标受众建立深厚的情感连接。在参与这些活动的过程中，品牌能够通过实际行动传递其对社会的承诺和关怀，增强其在公众心目中的良好形象。这种情感连接能够提高品牌的忠诚度和受众的归属感，为品牌的可持续发展奠定坚实的基础。

（三）冰雪文化产品的跨界合作

冰雪文化产品的跨界合作推动冰雪文化与其他产业的融合。通过设计冰雪主题的旅游线路和活动，冰雪文化与旅游产业的跨界合作不仅丰富了旅游体验，还吸引了大量游客前来感受冰雪文化的独特魅力。这种合作模式不仅提升了旅游业的吸引力，也为冰雪文化的传播提供了新的渠道。通过将冰雪文化融入旅游活动中，游客能够在体验自然美景的同时，深入了解冰雪文化的历史和内涵。

与时尚品牌的合作为冰雪文化产品注入了新的活力。推出冰雪元素的服装和配饰，不仅使冰雪文化与时尚潮流相结合，还提升了冰雪文化在市场上的影响力。这种跨界合作通过视觉和触觉的双重体验，使消费者能够在日常生活中感受到冰雪文化的魅力。时尚品牌的全球影响力也为冰雪文化的国际传播提供了有力支持，进一步拓展了其市场空间。

科技的发展为冰雪文化的传播提供了新的可能性。与科技公司合作，开发与冰雪文化相关的应用程序和游戏，使冰雪文化的传播不再局限于传统的方式。通过数字化手段，公众可以在虚拟环境中与冰雪文化互动，增强了体验的沉浸感和参与感。这种创新的传播方式不仅吸引了年青一代的关注，也为冰雪文化的数字化发展奠定了基础。

教育机构在冰雪文化的传播中同样发挥着重要作用。通过与教育机构合作，开展冰雪文化课程和研讨会，能够有效提升青少年对冰雪文化的认知和兴趣。这种合作模式不仅培养了未来的文化传播者，也为冰雪文化的可持续发展提供了人才保障。通过教育的力量，冰雪文化能够在更广泛的社会层面得到传承和发展。

艺术家和设计师的参与为冰雪文化增添了艺术价值。通过与他们的合作，创作出冰雪主题的艺术作品和装置，不仅提升了冰雪文化的艺术吸引力，也吸引了更广泛的观众群体。艺术的表现形式为冰雪文化提供了新的诠释角度，使其能够在不同的文化背景下被理解和欣赏。这种跨界合作不仅丰富了冰雪文化的内涵，也为其在全球舞台上的展示提供了新的可能性。

三、冰雪文化教育的普及与提升

（一）冰雪文化教育资源的数字化整合

通过建立一个综合性的数字化平台，整合各类冰雪文化课程、资料和活动信息，公众能够方便地获取相关知识和技能。这一平台的构建不仅有助于资源的集中管理和高效利用，还能通过数据分析了解用户需求，进而优化教育内容和服务。数字化整合的核心在于提供一个开放的资源库，涵盖从基础知识到专业技能的多层次内容，满足不同学习者的需求。通过这一平台，冰雪文化的传播不再受地域和时间的限制，真正实现教育资源的普惠共享。

开发在线冰雪文化教育课程是数字化整合的关键步骤。通过视频、互动教学和在线测评等现代教育技术手段，这些课程能够显著提高学习的灵活性和参与度。在线课程的设计应注重内容的趣味性和实用性，结合虚拟现实等技术手段，增强学习者的沉浸感和体验感。同时，在线测评系统能够帮助学习者及时了解自身的学习进度和掌握情况，促进自我反思和自主学习。课程内容的不断更新和优化也能确保学习者始终获得最新的行业动态和知识，保持对冰雪文化的持续兴趣和关注。

利用社交媒体和数字营销手段推广冰雪文化教育资源，是吸引更多人群关注和参与冰雪文化学习的重要方式。社交媒体平台以其广泛的传播力和影响力，成为推广冰雪文化教育的理想渠道。通过精心策划的内容营销策略，冰雪文化教育资源能够以多样化的形式呈现，如短视频、直播、在线讨论等，激发公众的学习兴趣和参与热情。此外，数字营销手段的应用，还可以根据不同受众的特征和需求，进行精准的广告投放，扩大冰雪文化教育的影响力和覆盖面。

与相关教育机构合作，开发冰雪文化教育的移动应用程序，提供随时随地的学习资源和互动交流平台，是数字化整合的重要组成部分。移动应用程序的开发应注重用户体验和功能的多样性，提供个性化的学习路径和丰富的互动功能，如在线讨论、实时答疑、学习社区等，增强学习的便利性和趣味性。通过与教育机构的合作，可以引入更多优质的教育资源和专业的师资力量，提升课程的质量和权威性。移动应用的推广和普及，将进一步推动冰雪文化教育的普及与提升，培养更多热爱和了解冰雪文化的人才。

（二）冰雪文化教育与社交媒体的互动融合

在数字化时代，社交媒体平台为冰雪文化教育提供了广阔的传播渠道和创新的互动方式。通过利用这些平台，教育机构和文化组织可以开展多样化的冰雪文化教育活动，以吸引更广泛的受众群体。这不仅提升了公众对冰雪文化的兴趣和参与度，还为冰雪文化教育注入了新的活力和动能。

利用社交媒体平台开展冰雪文化教育活动，是吸引和聚集目标受众的有效策略。通过创建冰雪文化主题的社交媒体挑战和活动，用户能够分享个人体验和创意作品，增强了互动性和传播效果。这种方式不仅激发了用户的创造力，还促进了冰雪文化在更大范围内的传播。社交媒体的互动特性，使用户可以在参与活动的同时，感受到冰雪文化的魅力与乐趣，从而提升其对冰雪文化的认同感和参与感。

通过社交媒体实时直播冰雪文化课程和活动，教育者可以扩大受众范围，为更多人提供更具参与感的学习体验。实时直播打破了时间和空间的限制，使远离冰雪活动中心的受众也能参与其中。这种方式不仅拓宽了冰雪文化教育的覆盖面，还增强了受众的临场感和参与感。通过实时互动，受众能够即时反馈学习体验和问题，教育者则可以根据反馈实时调整课程内容和教学方法。

社交媒体数据分析工具的应用，为冰雪文化教育内容和推广策略的优化提供了科学依据。通过分析受众的偏好和需求，教育者可以精准定位目标受众，制定更具针对性的教育内容和推广策略。这种数据驱动的方式，提升了冰雪文化教育的效率和效果，使教育资源得到了更合理的配置和利用。此外，通过与社交媒体影响者和专家的合作，冰雪文化教育资源的推广得到了进一步的深化和扩展。

与社交媒体影响者和专家的合作，是提升冰雪文化教育品牌知名度和参与度的关键。影响者和专家在社交媒体上拥有广泛的受众基础和较高的影响力，通过与他们的合作，冰雪文化教育资源得以在更大范围内传播。这种合作不仅提升了品牌的知名度，还增强了受众对冰雪文化教育的信任和认可，从而促进了冰雪文化教育的可持续发展。

第三节　冰雪装备产业的提升

一、冰雪装备技术的研发与创新

（一）冰雪装备材料的升级与应用

研发新型轻量化材料是提升冰雪装备便携性和舒适度的关键，这不仅能减轻运动员的负担，还能显著增强他们的灵活性和表现力。轻量化材料的应用，不仅体现了现代科技在运动装备中的渗透，也反映了运动员对装备性能不断提升的需求。通过科学的材料选择和优化设计，冰雪装备在重量和性能之间取得了更好的平衡，为运动员在赛场上争取更大的竞争优势。

高性能隔热材料的应用是冰雪装备保暖性的核心。极端寒冷环境对运动员的生理和心理都是巨大的挑战，优质的隔热材料能够有效减少热量流失，确保运动员在低温条件下的舒适体验。这些材料通过先进的物理和化学工艺，能够在极细微的结构层面上实现热量的有效阻隔，从而为运动员提供可靠的温暖保障。这种材料的进步不仅提升了装备的功能性，也为运动员的极限挑战提供了更加安全的保障。

为了提升冰雪装备的耐用性，抗冲击和耐磨损的复合材料被广泛引入。这些材料能够在严苛的使用环境中保持良好的性能表现，极大地延长了装备的使用寿命，并降低了维护成本。复合材料的应用不仅提高了装备的耐用性，还体现了现代材料科学在运动装备领域的深入应用。通过不断的技术研发和材料创新，冰雪装备的整体性能得到了显著提升，为运动员提供了更为坚固和可靠的装备支持。

推动冰雪装备的可持续发展是当前的重要议题。采用环保材料和可再生资源，能够有效减少冰雪装备对环境的影响。随着全球对环境保护意识的增强，冰雪装备行业也在积极响应，通过材料的选择和生产工艺的改进，努力实现绿色生产。这种转变不仅符合社会发展的潮流，也为冰雪运动的可持续发展奠定了坚实的基础。

（二）智能化冰雪装备的设计

通过引入先进的技术手段，设计者可以设计出更为高效和安全的运动装备。

智能化冰雪装备的用户界面设计应注重人性化，这意味着在设计过程中需要充分考虑运动员的使用习惯和需求，以确保他们能够快速上手并减少学习成本。为实现这一目标，设计者应采用直观的界面布局和简洁的操作流程，使运动员在高强度运动环境中能够轻松操作装备。

在智能化冰雪装备中，集成先进的传感器技术是提升其功能性的重要手段。这些传感器可以实时监测运动员的生理数据，如心率、体温等，从而为运动员提供及时的反馈和安全保障。通过这些数据，运动员可以更好地了解自身的身体状况，进而调整训练强度和策略。这不仅有助于提高运动员的安全性，还能为教练提供有价值的表现分析数据，帮助他们制订更科学的训练计划。

开发具备智能调节功能的冰雪装备是提升运动员舒适度的关键。这样的装备能够根据环境变化自动调整其保暖、透气等性能，从而在不同的气候条件下为运动员提供最佳的着装体验。这种自适应技术不仅提高了装备的适用性，也使运动员能够专注于运动本身，而不必担心外部条件的变化对其表现的影响。通过这种方式，智能化装备为运动员创造了一个更加舒适和高效的运动环境。

智能化装备应具备数据存储和分析功能，这一功能使运动员能够通过移动应用查看个人训练记录和性能反馈。此类应用程序不仅可以帮助运动员追踪其进步，还能为他们提供个性化的训练建议。这种数据驱动的方法使运动员能够更科学地规划其训练，从而在比赛中取得更好的成绩。通过分析历史数据，运动员可以识别其优势和不足，并在未来的训练中进行针对性的改进。

探索与智能穿戴设备的联动是增强冰雪装备社交互动性的有效途径。通过这种联动，运动员可以与其他用户分享体验和成果，促进社区建设。这种社交功能不仅增加了运动的乐趣，还为运动员提供了一个交流和学习的平台。通过分享经验和技巧，运动员可以从他人的成功和失败中获得启发，从而不断提升自己的技能水平。这种基于社区的互动模式为冰雪运动的发展注入了新的活力。

（三）冰雪装备的人体工学改进

冰雪装备的人体工学改进是提升运动员表现和体验的重要环节。冰雪装备的人体工学设计应着重于运动员的身体结构，确保装备在使用过程中能够有效贴合身体曲线，减少运动时的不适感。通过对运动员身体各部位的详细研究，设计出符合人体自然形态的装备，能够极大提升运动员的舒适度和运动效率。此类设计不仅需要考虑静态的身体结构，还需关注动态运动中的形态变化，以便在运动过程中提供持续的支持和舒适感。

采用动态适应性设计是冰雪装备人体工学改进的重要方向。此设计理念强调装备能够根据运动员的动作变化而调整形状，提供更好的支撑和灵活性。这种设计不仅提升了运动员在运动中的自如程度，还能有效减少因装备不适造成的运动损伤风险。动态适应性设计要求对材料和结构进行创新，以确保装备能够在不同运动状态下保持最佳性能，并为运动员提供所需的支撑和保护。

在冰雪装备的设计中，考虑不同体型和性别的运动员需求是实现个性化舒适体验的关键。提供多种尺寸和调整选项，可以满足不同运动员的个体差异，确保每一位运动员都能找到适合自己的装备。这种个性化设计不仅提升了装备的舒适性，还增强了运动员的自信心和表现能力。通过细致的市场调研和用户反馈，设计师可以更好地理解不同运动员的需求，从而开发出更具针对性的产品。

整合减震和缓冲技术是冰雪装备设计的重要环节，尤其是在脚底和关节部位的设计中。通过优化这些部位的设计，可以有效降低运动过程中对身体的冲击，提升运动安全性。减震和缓冲技术的应用不仅能保护运动员的身体，还能提升他们在运动中的表现。优秀的减震设计能够吸收运动产生的冲击力，减少对关节的压力，从而降低运动损伤的风险。

在冰雪装备的材料选择上，优先考虑轻质且透气的材料是提升穿着舒适度和灵活性的关键。轻质材料能够减少装备的负担，使运动员在运动中更加轻松自如。透气材料则有助于调节体温，保持身体的干爽和舒适。这些材料的选择不仅提升了运动员的表现能力，还延长了装备的使用寿命。通过不断的材料创新和测试，设计师可以开发出更符合人体工学要求的冰雪装备。

二、冰雪装备生产与质量监管

（一）冰雪装备生产流程的优化

冰雪装备生产流程的优化是提升产业竞争力的关键。优化生产流程中的各个环节，通过采用精益生产方法，可以有效提高生产效率并减少资源浪费。精益生产方法强调减少不必要的步骤和资源消耗，使生产过程更加流畅和高效。这种方法不仅能降低生产成本，还能提升产品的市场竞争力。通过精益生产的实施，企业可以在保持高质量标准的同时，缩短生产周期，从而快速响应市场变化和客户需求。

引入自动化设备和智能制造技术是现代冰雪装备生产的重要趋势。这些技术的应用可以显著提升生产线的灵活性和响应速度，确保企业能够快速适应市场需求的变化。自动化设备能够在一定程度上替代人工操作，提高生产的精确性和一致性。同时，智能制造技术通过数据的实时监测和反馈，帮助企业进行生产流程的优化和调整。在市场竞争日益激烈的背景下，这些技术的应用使企业能够更好地应对市场挑战，保持竞争优势。

加强生产人员的技能培训是提升生产工艺水平的重要措施。通过定期的培训，生产人员可以不断提升操作水平和安全意识，确保生产过程中设备的安全运行和人员的安全保障。技能培训不仅可以提高生产效率，还能减少因操作不当造成的设备损坏和生产事故。安全生产是企业可持续发展的基础，只有在确保人员安全的前提下，企业才能实现长远发展。

实施信息化管理系统是现代冰雪装备生产企业提升运营效率的重要手段。通过信息化管理系统，企业可以实现生产数据的实时监测和分析，优化库存管理，降低生产成本，提高整体运营效率。信息化管理系统的应用，使企业在生产过程中能够更加灵活地调整生产计划，快速响应市场变化。同时，通过对生产数据的分析，企业可以发现生产中的瓶颈和不足，进行针对性的改进，从而提升生产效能和市场竞争力。

（二）冰雪装备质量检测技术的完善

引入先进的检测设备和技术，如激光测量和超声波检测，能够显著提升冰雪装备的质量检测精度和效率。这些技术的应用不仅提高了检测速度，还能更准确地识别出潜在的质量缺陷，确保产品在出厂前达到最高标准。此外，激光测量技术可以提供高精度的尺寸测量，而超声波检测则能够有效识别材料内部的缺陷，从而确保冰雪装备在极端环境下的安全性和可靠性。

建立标准化的检测流程和规范是确保冰雪装备质量的关键措施。通过制定详细的检测标准和流程，所有冰雪装备在出厂前都必须经过严格的质量检验，以符合行业标准。这种标准化的检测流程不仅有助于提高生产效率，减少人为错误的发生，还能确保产品的一致性和可靠性。在此过程中，行业标准的制定需结合国际标准和国内市场需求，以保证产品的竞争力和市场适应性。

开展定期的质量评估和回顾是持续优化检测技术和流程的重要手段。通过收集市场反馈和用户体验，企业可以识别出当前检测技术和流程中的不足之处，并进行针对性的改进。这种动态的反馈机制不仅能帮助企业保持技术的先进性，还能提高产品的用户满意度。同时，通过定期的质量评估，企业能够更好地把握市场趋势，及时调整产品策略，以满足不断变化的市场需求。

建立多层次的质量监控体系是确保冰雪装备各环节质量可追溯的有效途径。该体系包括原材料检测、生产过程监控和成品检验三个主要环节。在原材料阶段，通过严格的检测确保材料的质量和稳定性；在生产过程中，实时监控生产参数和工艺条件，防止质量问题的发生；在成品检验阶段，进行全面的性能测试和外观检查，确保最终产品的质量。此外，多层次的质量监控体系还应包括对供应链的监督，确保每个环节的透明性和可追溯性。

利用大数据分析技术对质量检测数据进行分析，可以有效识别潜在的质量问题和改进机会。通过对大量检测数据的分析，企业能够发现质量问题的根源，并采取相应的改进措施。这种数据驱动的质量管理策略不仅提高了检测的效率和准确性，还能帮助企业在产品开发和生产过程中做出更明智的决策。大数据分析还可以预测未来的质量趋势，帮助企业提前采取措施，防止质量问题的发生，从而提升整体产品质量管理水平。

（三）冰雪装备生产的环保与安全标准

在冰雪装备生产过程中，环保与安全标准的制定和实施至关重要。冰雪装备行业作为新兴产业，面临着可持续发展的挑战，因此制定严格的环保标准成为必要。通过确保生产过程中使用的材料符合可持续发展要求，可以有效减少对环境的负面影响。这不仅有助于保护自然资源，还能在长远上降低企业的环境成本，从而实现经济与环境的双赢。

实施生产过程中的废物管理策略是实现环保生产的重要环节。优化资源利用，减少生产过程中产生的废弃物和污染物，可以大幅度降低企业对环境的影响。通过采用先进的废物处理技术和循环利用机制，企业能够在提升生产效率的同时，履行社会责任，推动冰雪装备产业的绿色转型。

员工的安全培训是确保生产过程安全的关键。通过加强员工的安全意识和技能培训，企业可以确保生产过程中的每一个环节都遵循严格的安全操作规程。这不仅有助于降低事故发生率，保护员工的健康与安全，还能提升企业的生产效率和产品质量，从而增强企业的市场竞争力。

建立完善的产品安全标准是提升消费者信任感的基础。确保冰雪装备在使用过程中不会对用户造成伤害，是企业责任的体现。通过严格的产品安全检测和质量控制，企业可以在市场中树立良好的品牌形象，吸引更多的消费者，推动产业的可持续发展。

引入绿色认证体系是提升品牌形象和市场竞争力的有效途径。通过鼓励企业获得相关环保认证，可以满足消费者对环保产品的需求，同时也为企业开拓更广阔的市场空间。绿色认证不仅是对企业环保努力的认可，更是企业在激烈市场竞争中脱颖而出的重要砝码。

三、冰雪装备品牌建设与市场推广

（一）冰雪装备品牌的定位与差异化策略

明确品牌的核心价值是品牌建设的首要任务。冰雪装备品牌需要在技术创新、性能和用户体验方面展现其独特优势，以吸引特定目标市场。技术创新不仅体现在产品的功能性上，还包括材料的选择和制造工艺的提升。在性能方面，冰雪装备必须适应不同环境和条件下的使用需求，确保产品的安全性和耐用性。用户体验则是通过人性化设计和便捷的使用方式来提升产品的吸引力。通过这些方面的努力，品牌可以在激烈的市场竞争中脱颖而出，赢得消费者的青睐。

市场调研是制定差异化产品策略的基础。通过深入的市场调研，企业可以识别并细分消费者的需求，发现市场的潜在机会。不同的用户群体在冰雪装备的功能、价格和设计方面有着各自的偏好，因此，企业需要根据这些差异制定相应的产品系列。个性化需求的满足不仅能增加消费者的购买意愿，还能提高客户的满意度和忠诚度。借助大数据分析和消费者反馈，企业可以不断优化产品设计和功能，确保其产品始终符合市场的最新趋势和需求变化。

品牌故事和文化的建立是增强消费者品牌认同感和忠诚度的重要手段。一个成功的品牌故事能够传达品牌的历史、愿景和价值观，使消费者在情感上与品牌产生共鸣。通过强调品牌的情感连接，企业可以在消费者心中建立独特的品牌形象，进而增强品牌的竞争力。此外，品牌文化的推广也有助于在消费者中形成良好的口碑效应，促进品牌的长远发展。通过举办品牌活动和参与公益项目，企业可以进一步巩固品牌的社会影响力。

（二）冰雪装备营销渠道的多元化拓展

冰雪装备行业在全球范围内的蓬勃发展，促使企业不断探索多元化的营销渠道，以适应市场的动态变化和消费者日益增长的需求。拓展线上销售渠道成为企业提升消费者购买便利性的重要策略。通过电商平台与自有品牌网站，企业不仅能够降低销售成本，还能提升品牌接触频率，使消费者在任何时间、任何地点都能轻松获取产品信息并完成购买。这种便捷性不仅吸引了更多的消费者，也在无形中增强了品牌的市场竞争力。同时，社交媒体的崛起为冰雪装备品牌提供了一个全新的营销平台。企业可以利用社交媒体开展互动活动和用户生成内容，借助这种双向沟通的方式，不仅提高了品牌的曝光率，还增强了用户的参与感和忠诚度。通过与消费者的直接互动，企业能够更精准地了解市场需求，及时调整营销策略，确保品牌始终处于市场的前沿。

线下实体店是冰雪装备营销的重要组成部分。通过与实体店的合作，设立专门的体验专区，消费者可以在实际使用中感受到冰雪装备的性能和优势。这种亲身体验的方式，有助于消除消费者的顾虑，提升购买信心。同时，实体店的存在也为品牌提供了一个展示其专业性和服务质量的平台，加强了消费者对品牌的信任。

行业展会和活动是冰雪装备品牌展示新产品、建立行业联系的重要场合。通过参与这些活动，企业不仅可以展示其最新的产品和技术，还能吸引潜在客户和合作伙伴的关注。这种面对面的交流，不仅有助于建立和巩固行业关系，还能为企业带来更多的商业机会和合作可能。

（三）冰雪装备品牌的国际化策略

第一，制定国际市场进入策略。选择适合的市场和合作伙伴，不仅能够帮助品牌更好地适应当地市场环境，还能有效拓展品牌的全球影响力。在这一过程中，深入了解目标市场的文化、经济状况以及消费者行为是至关重要的。通过精准的市场分析，企业可以制订出切实可行的进入计划，从而在全球市场中占据一席之地。

第二，建立全球化的品牌形象。品牌故事和价值观的全球传播需要考虑不同文化背景下的适应性和吸引力。一个成功的品牌形象不仅需要在视觉上吸引消费者，更需要在情感上与消费者产生共鸣。通过在不同市场中传播统一且具有文化包容性的品牌信息，企业能够增强消费者的认同感，从而提升品牌的忠诚度和影响力。

第三，参与国际展会和赛事。通过在国际展会和赛事上展示产品创新和技术实力，企业可以吸引全球客户的关注。展会和赛事不仅是展示产品的舞台，更是与潜在客户和合作伙伴建立联系的桥梁。在这些活动中，企业可以通过与行业领袖的互动和交流，获取市场最新动态和趋势，为品牌的进一步发展提供宝贵的参考。

第四，与国际知名运动员和冰雪运动组织建立合作关系。利用国际知名运动员和冰雪运动组织的影响力，品牌可以在全球范围内迅速提升其专业性和可信度。运动员的背书和组织的支持，不仅能增强品牌的市场竞争力，还能通过其粉丝群体的传播效应，进一步扩大品牌的知名度和美誉度。

第五，开发符合国际市场需求的产品线。关注不同地区的消费者偏好和使用习惯，为他们提供定制化的解决方案，是品牌国际化的重要策略。通过深入的市场调研和用户反馈，企业可以不断完善产品设计和功能，以适应各地市场的独特要求，最终实现品牌在全球市场的全面覆盖和持续增长。

第四节　冰雪旅游产业的整合

一、冰雪旅游资源的整合与优化

（一）冰雪旅游资源的数字化管理

通过建立冰雪旅游资源的数字化平台，可以实现资源的集中管理与共享，从而提升信息获取的便利性。这一平台不仅能够整合分散的旅游资源，还能通过统一的界面提供给用户，使资源的利用更加高效。数字化平台的建设是冰雪旅游资源管理现代化的重要标志，有助于推动冰雪旅游产业的可持续发展。

利用大数据分析技术，对冰雪旅游资源的使用情况进行实时监控和评估，为决策提供科学依据。这种技术手段使管理者能够及时了解资源的使用效率和游客的需求变化，从而做出更加精准的决策。大数据分析不仅可以帮助预测旅游高峰期和游客偏好，还能在资源分配和服务优化方面提供有力支持，确保冰雪旅游产业的健康发展。

开发移动应用程序，为游客提供冰雪旅游线路、活动和设施的实时信息，显著增强了游客的互动体验和参与感。通过移动应用程序，游客可以方便地获取最新的旅游资讯，规划个性化的旅游行程，并参与各种冰雪活动中。这种便捷的服务模式不仅提升了游客的满意度，也为冰雪旅游产业带来了更多的市场机遇。

整合虚拟现实技术，打造沉浸式冰雪旅游体验，是吸引更多游客了解和参与冰雪活动的创新举措。虚拟现实技术能够让游客在不受时间和空间限制的情况下，体验身临其境的冰雪活动。这种技术的应用不仅拓展了冰雪旅游的体验方式，也为冰雪文化的传播提供了新的途径，进一步促进了冰雪旅游产业的发展。

（二）冰雪旅游线路的创新设计

设计多样化的冰雪旅游线路，结合滑雪、冰雕、温泉等多种活动，能够满足不同游客的需求。这样的设计不仅提升了旅游线路的吸引力，还丰富了游客的体验。通过将滑雪运动与冰雕艺术相结合，游客可以在享受运动的同时，欣赏到独特的艺术作品。而温泉活动则为游客提供了放松身心的绝佳机会，特别是在寒冷的冬季，温泉的热量为游客带来舒适的享受。这种多样化的活动组合，使冰雪旅游线路更具吸引力，能够吸引广泛的游客群体。

引入主题化的冰雪旅游线路，如家庭亲子游、情侣浪漫游等，能够增强游客的体验感和参与感。家庭亲子游线路可以设计一些适合儿童的活动，例如冰上滑梯、雪地摩托等，增加亲子互动的机会，而情侣浪漫游则可以通过设计浪漫的冰雪景观、安排烛光晚餐等活动，提升情侣之间的亲密感。这些主题化的旅游线路，通过针对不同游客群体的需求进行设计，能够有效地增强游客的参与感和体验感，使冰雪旅游线路更加个性化和人性化。

整合当地文化元素，推出具有地域特色的冰雪旅游线路，能够提升游客对目的地的文化认同感。在设计冰雪旅游线路时，融入当地的文化元素，如传统的冰雪节庆活动、地方特色美食等，可以让游客在享受冰雪活动的同时，感受到浓厚的地方文化氛围。这种文化与旅游的结合，不仅丰富了旅游内容，也有助于保护和传承地方文化，增强游客对目的地的文化认同感和归属感。

利用科技手段，开发智能导览系统，为游客提供个性化的冰雪旅游线路推荐和实时信息服务，是冰雪旅游线路创新设计的重要方向。通过智能导览系统，游客可以根据自身的兴趣和需求，获取个性化的线路推荐和实时的旅游信息。

这种科技手段的应用，不仅提升了游客的旅游体验，也提高了旅游服务的效率和质量。智能导览系统还可以通过收集和分析游客的数据，为旅游线路的优化提供科学依据，从而不断提升冰雪旅游线路的设计水平。

建立冰雪旅游线路的联动机制，与周边景点、酒店和餐饮等资源形成联动，能够提升整体旅游体验。通过与周边资源的联动，冰雪旅游线路可以为游客提供更加全面和便捷的服务。例如，与酒店的合作可以为游客提供住宿优惠，与餐饮企业的合作可以推出特色美食体验，这些联动机制不仅提升了游客的旅游体验，也促进了当地旅游资源的整合和优化，推动了冰雪旅游产业的可持续发展。

（三）冰雪旅游项目与文化底蕴的结合

冰雪旅游不仅是对自然景观的欣赏和运动的参与，更是对文化的深度体验和认同的过程。通过将冰雪旅游项目与地方文化相结合，可以有效地增强游客的文化认同感。例如，开发与地方文化紧密结合的冰雪旅游项目，如冰雪民俗表演和手工艺制作体验，让游客不仅能享受冰雪运动的乐趣，还能感受到当地丰富的传统习俗和艺术魅力。这种结合不仅提升了旅游项目的文化内涵，也有助于传承和推广地方文化。

设计具有文化主题的冰雪旅游活动是一种创新方式。可以将当地的历史故事融入滑雪探险路线中，使游客在享受滑雪的同时，也能了解到当地的历史和文化背景。这种形式的文化体验不仅增加了冰雪旅游的趣味性和教育性，还能激发游客对当地文化的兴趣和探索欲望。此外，通过这种文化主题的设计，能够有效地将文化教育与旅游活动结合起来，形成独特的旅游体验，吸引更多的游客参与。

地方特色美食体验是冰雪旅游与文化结合的重要方面。将冰雪运动与当地饮食文化相结合，可以为游客提供独特的美食之旅。这不仅满足了游客的味蕾，也为他们提供了深入了解地方文化的机会。通过品尝地方特色美食，游客可以更好地理解地方的饮食文化和生活方式，从而提升旅游体验的深度和广度。这种结合也有助于促进地方经济的发展，带动相关产业的增长。

冰雪文化节庆活动的举办是丰富游客文化体验的重要途径。通过将冰雪运动与当地艺术表演结合，能够提升冰雪旅游的吸引力和参与度。这些节庆活动不仅展示了地方的文化特色，也为游客提供了一个参与和互动的平台，使他们能够在轻松愉快的氛围中体验丰富多彩的文化内涵。这种活动的成功举办，需要地方政府、文化机构和旅游企业的紧密合作，共同推动冰雪旅游产业的可持续发展。

建立冰雪旅游与文化教育的合作机制是推动冰雪旅游产业发展的长远策略。通过组织文化讲座和互动工作坊，游客可以在参与冰雪活动的同时，学习和体验当地的文化知识。这种教育与旅游的结合，不仅提升了游客的文化素养，也增强了他们对地方文化的认同感和归属感。这种合作机制的建立，需要各方的共同努力和协调，以确保文化教育资源的充分利用和有效传播，从而实现冰雪旅游产业的创新发展。

（四）冰雪旅游资源的可持续利用

制定冰雪旅游资源的可持续发展规划，不仅是为了合理利用资源，更是为了生态保护，维护自然环境的平衡。规划的核心在于协调旅游开发与环境保护之间的关系，确保旅游活动不会对自然资源造成不可逆转的损害。通过科学的规划，能够在满足游客需求的同时，保护冰雪资源的原真性和完整性，为后续的开发和利用奠定基础。

引入绿色旅游理念是实现冰雪旅游可持续发展的重要路径。通过倡导低碳出行方式，游客可以在享受冰雪旅游乐趣的同时，减少对生态环境的影响。绿色旅游不仅涉及旅行方式的选择，还包括住宿、饮食等各个环节的环保实践。鼓励游客选择公共交通工具或共享出行，减少碳排放。此外，绿色旅游理念的推广，还需要通过宣传教育，提高游客的环保意识，使其自觉参与环境保护。

建立冰雪旅游资源的生态监测系统，是确保资源可持续利用的重要手段。通过定期评估旅游活动对环境的影响，可以及时调整管理策略，以保护生态环境。生态监测系统的建立，需要借助现代科技手段，如遥感监测、数据分析等，以便全面掌握旅游活动对生态环境的动态影响。通过科学的数据分析，可以为管理决策提供依据，确保旅游开发与生态保护的协调发展。

二、冰雪旅游产品的创新与升级

（一）冰雪旅游产品的个性化定制与服务

随着消费者需求的多样化和个性化，传统的“一刀切”旅游产品已无法满足游客的期望。冰雪旅游行业通过提供个性化的产品组合，如滑雪、雪地摩托、冰雕观赏等多项活动的定制套餐，使游客能够根据自己的兴趣和需求进行选择。这种灵活的产品设计不仅提升了旅游体验的丰富性，也增强了游客对冰雪旅游的参与感和满意度。

在个性化定制方面，开发灵活的行程安排是提升游客满意度的关键。游客可以根据自己的时间安排和偏好选择活动的顺序和时长，从而享受更自主的旅行体验。这种灵活性不仅增加了旅行的乐趣，也使旅行者能够在有限的时间内充分体验冰雪旅游的魅力。此外，灵活的行程安排能够有效应对突发情况和天气变化，为游客提供更为人性化的服务。

智能推荐系统的引入是冰雪旅游产品创新的重要一步。通过分析游客的历史偏好和行为数据，系统可以为游客提供个性化的活动推荐。这种技术不仅提升了用户体验，也为旅游业者提供了新的商业机会。通过精准的数据分析，旅游业者能够更好地理解和预测游客需求，从而优化产品设计和市场推广策略，最终实现旅游资源的高效配置和利用。

提供定制化的服务选项，如私人教练、专业向导和定制化的餐饮服务，是提升游客在冰雪活动中安全性和舒适度的重要措施。私人教练能够为游客提供专业的滑雪指导，确保初学者在学习过程中安全无忧；而专业向导则可以带领游客探索不为人知的冰雪秘境，增加旅行的深度和趣味性；定制化的餐饮服务则满足了游客在高强度活动后的营养需求，使整个旅行体验更加贴心和周到。

（二）冰雪旅游的季节性与多元化拓展

冰雪旅游产业的发展需要有效应对其固有的季节性特征。通过制订科学合理的季节性活动计划，可以充分利用不同季节的独特优势，推出相应的冰雪项目。例如，在春季，滑雪活动可以与春季的自然景观相结合，吸引游客体验冰雪与自然的融合。在夏季，冰雪运动体验项目如室内滑雪、冰雕展览等则可成为旅游热点，吸引游客全年参与。这种季节性拓展策略不仅延长了旅游季节，还丰富了旅游产品的多样性，提升了市场竞争力。

结合地方特色的节庆与冰雪活动，可以创造出具有吸引力的节庆主题旅游产品。通过推出如春节冰雪狂欢节、圣诞冰雪乐园等活动，不仅增强了游客的参与感和体验感，还促进了当地文化的传播与交流。这些节庆活动不仅吸引了大批游客，也为当地经济带来了可观的收入。通过创新节庆活动的内容与形式，冰雪旅游产品可以在激烈的市场竞争中脱颖而出，形成独特的品牌效应。

为了满足市场的多样化需求，开发适合不同年龄段和兴趣的冰雪旅游产品是必不可少的。针对家庭游客，可以推出家庭亲子滑雪项目，通过设计适合儿童和成人的滑雪课程，增强家庭互动的乐趣。对于青少年群体，冰雪夏令营可以成为他们锻炼身体、提高技能的理想选择。这种分众化的产品设计，不仅拓宽了冰雪旅游的市场覆盖面，也提升了游客的满意度和忠诚度。

冰雪旅游与其他旅游形式的结合，是提升整体旅游吸引力与满意度的重要策略。通过探索冰雪与温泉、文化体验的联动，可以为游客提供多样化的旅游体验。例如，游客可以在滑雪后享受温泉的舒适，或是在冰雪活动中体验当地的文化表演。这种跨界融合不仅丰富了旅游产品的内涵，还增强了旅游目的地的综合吸引力，促进了旅游业的可持续发展。

在数字化时代，利用数字技术开发冰雪旅游的虚拟体验项目，成为拓展市场潜力的重要手段。通过虚拟现实技术，游客可以在非冰雪季节体验逼真的冰雪文化，这不仅打破了时间和空间的限制，还为冰雪旅游产业带来了新的增长点。虚拟体验项目的开发，不仅可以吸引更多潜在游客，还为冰雪文化的传播提供了新的途径，推动了冰雪旅游的创新与升级。

（三）冰雪旅游品牌推广与用户参与互动

冰雪旅游品牌推广不仅是信息的传递，更是与用户建立情感连接的过程。利用社交媒体平台开展互动营销活动，鼓励用户分享他们的冰雪旅游体验，是增强品牌可信度和吸引力的有效策略。用户生成的内容，如照片、视频和评论，能够真实地展示旅游体验，形成口碑效应。通过这些内容，品牌不仅能够获得广泛的传播，还能在潜在游客中建立起信任感，从而提升品牌的市场竞争力。

建立线上社区是促进用户参与和互动的重要手段。通过定期举办冰雪旅游主题的线上问答和讨论活动，品牌可以创造一个活跃的交流平台，增强用户之间的互动。这种互动不仅能提升品牌的参与感，还能培养用户的忠诚度，使其成为品牌的长期支持者。用户在这样的社区中能够分享经验、交流心得，形成一个以品牌为中心的社群文化，从而进一步巩固品牌在市场中的地位。

与知名冰雪运动员和旅游达人合作推广冰雪旅游品牌是吸引潜在游客关注的有效方式。这些意见领袖在社交媒体上拥有广泛的影响力，他们的推荐能够迅速提升品牌的曝光率和美誉度。通过他们的社交媒体渠道，品牌能够扩散到更广泛的受众群体，尤其是那些对冰雪运动感兴趣的潜在游客。借助他们的个人魅力和专业背景，品牌能够更精准地传达自己的核心价值，吸引更多游客前来体验。

设计用户反馈机制是品牌持续优化的重要环节。通过定期收集游客对冰雪旅游服务的意见和建议，品牌可以及时发现服务中的不足，并加以改进。这不仅有助于提升用户满意度，还能为品牌形象的优化提供重要依据。用户反馈是品牌了解市场需求和变化趋势的重要来源，通过分析这些反馈，品牌可以调整市场策略，推出更符合用户期望的产品和服务，确保在激烈的市场竞争中保持优势。

三、冰雪旅游服务的提升与优化

（一）冰雪旅游服务标准化体系的建设

通过建立冰雪旅游服务标准化体系，可以明确服务流程和服务质量的标准，从而为游客提供一致性和高质量的服务体验。标准化体系不仅涵盖了服务的各个环节，还涉及设施设备的管理和维护，确保它们能持续为游客提供优质的服务。通过统一的服务标准，旅游企业能够有效减少因服务不一致而导致的游客不满，从而提升整体的市场竞争力。

制定冰雪旅游服务人员的培训标准是服务质量提升的重要环节。通过系统化的培训，确保服务人员具备必要的专业知识和技能，以便在接待游客时能够自如应对各种情况。培训标准应包括对冰雪运动项目的基本了解、急救知识、客户服务技巧等，确保每一位服务人员都能为游客提供安全、专业、热情的服务。同时，定期的再培训和考核机制也至关重要，以确保服务人员的能力与时俱进，适应不断变化的市场需求。

实施冰雪旅游服务的评价体系是持续优化服务内容和质量的有效手段。通过定期收集游客的反馈，旅游企业可以深入了解游客的需求和期望，从而在服务内容上做出相应的调整和改进。游客的参与感和满意度是评价体系的重要指标，通过数据分析和反馈机制，企业能够精准把握服务中的不足之处，并采取针对性的改进措施，以增强游客的忠诚度和满意度。

建立冰雪旅游服务的安全标准是保障游客安全和健康的基础。安全标准应涵盖所有活动和设施，确保它们符合相关的安全规范和标准。这不仅包括对设备的定期检修和维护，还涉及对服务人员的安全培训和应急预案的制订。

通过严格的安全标准，旅游企业能够有效降低安全事故的发生率，提高游客对旅游目的地的信任度和满意度，从而促进冰雪旅游产业的可持续发展。

（二）冰雪旅游服务的智能化与科技创新

利用人工智能技术开发智能客服系统，可以显著提升冰雪旅游服务的响应速度和客户满意度。这些系统通过自然语言处理和机器学习算法，能够快速理解和处理游客的预订和咨询请求，确保游客在整个过程中获得及时的帮助和反馈。这不仅提高了服务效率，也增强了游客的整体体验感，使冰雪旅游在激烈的市场竞争中更具吸引力。

通过大数据分析，冰雪旅游产业能够深入挖掘游客的偏好和行为模式，从而优化产品设计与推广策略，实现精准营销。这一过程涉及对大量游客数据的收集和分析，以发现潜在的市场趋势和需求变化。通过定制化的旅游产品和个性化的推广活动，冰雪旅游企业可以有效提升游客的参与度和满意度。这种数据驱动的策略不仅提升了企业的市场竞争力，也推动了冰雪旅游产业的持续创新和发展。

物联网技术的整合在冰雪旅游管理中发挥了重要作用。通过构建智能化旅游管理平台，可以实现对冰雪旅游设施的实时监控和管理，从而提升运营效率和安全性。这些平台能够实时收集和分析来自各类传感器的数据，帮助管理者及时发现和解决潜在问题，确保设施的安全运行。此外，物联网技术还可以优化资源的配置和使用，提高整体服务质量，为游客提供更为便捷和安全的旅游体验。

虚拟现实和增强现实技术的应用为冰雪旅游提供了全新的沉浸式体验。这些技术可以创造出逼真的虚拟环境，使游客能够身临其境地感受冰雪活动的魅力，增强互动性和参与感。这种创新的体验方式不仅吸引了更多的游客关注冰雪旅游，也为企业开辟了新的市场空间。通过科技创新，冰雪旅游产业得以不断拓展其服务边界，满足多样化的游客需求，推动产业的可持续发展。

（三）游客满意度与反馈机制的完善

为构建有效的反馈机制，首先需要建立游客满意度调查系统，定期收集游客对冰雪旅游服务的反馈。这一系统应涵盖服务质量、设施条件和活动体验等方面，以便进行全面的数据分析和改进。通过系统化的数据收集，旅游服务提供方可以识别出服务中的优势与不足，从而制定针对性的优化策略，提升整体服务水平。这种数据驱动的反馈机制不仅能提高游客满意度，还能为冰雪旅游产业的长远发展奠定基础。

设立游客意见箱和在线反馈渠道是完善反馈机制的重要举措。通过这些渠道，游客可以在活动结束后主动提供建议和意见，确保他们的反馈能够直接影响服务的改进。游客意见箱应设置在游客容易接触到的地方，而在线反馈渠道则可以通过官方网站、社交媒体等多种平台实现。鼓励游客积极参与反馈过程，不仅有助于服务提供方及时了解游客需求，还能增强游客对服务改进过程的参与感和认同感，进一步提升他们的满意度。

实施游客满意度评估机制，通过量化指标评估服务效果，是提升冰雪旅游服务质量的关键。满意度评分、推荐意愿等指标可以为服务效果提供客观的评估依据。这些量化数据应形成系统化的评估报告，为服务优化提供科学指导。通过定期评估和报告，服务提供方能够动态调整服务策略，确保服务质量的持续提升。同时，这种评估机制还有助于建立服务提供方与游客之间的信任关系，增强游客对冰雪旅游的忠诚度。

定期举办游客座谈会是促进与游客互动交流的有效方式。通过邀请游客分享他们的体验与建议，服务提供方可以更深入地了解游客的实际需求和期望。这种面对面的交流不仅能增强服务提供方与游客之间的信任和理解，还能为服务改进提供直接的参考依据。座谈会的举办应注重互动性和开放性，鼓励游客积极表达自己的看法，以便服务提供方能够及时调整和优化服务策略，提升游客的整体体验。

四、冰雪旅游市场的拓展与营销

（一）冰雪旅游市场细分与精准营销

冰雪旅游市场可以根据不同的目标群体进行细分，包括家庭游客、年轻冒险者和老年休闲游客。家庭游客通常对安全性和娱乐性有较高要求，因此需要提供适合全家参与的活动和设施。年轻冒险者则更倾向于刺激和挑战，因此可以开发极限运动和探险项目。而老年休闲游客则注重舒适和文化体验，适合安排轻松的观光和文化活动。通过识别这些目标群体的特定需求，冰雪旅游企业可以制定相应的产品和服务，提高市场竞争力。

利用数据分析技术是实现精准营销的重要手段。通过大数据分析，企业能够识别游客的偏好和行为模式，从而制定更加个性化的营销策略。这种策略不仅能提升客户的参与度，还能显著提高客户的满意度。例如，通过分析游客在预订和消费过程中的行为数据，企业可以预测其未来的需求，并提供个性化的推荐和优惠，从而增强游客的体验感和忠诚度。这种数据驱动的营销方式，能够有效地优化资源配置，提高营销活动的效率和效果。

结合社交媒体平台，冰雪旅游企业可以开展定向广告和互动活动，吸引潜在游客的关注。社交媒体以其广泛的用户基础和高效的信息传播能力，成为现代营销的重要渠道。通过在社交媒体上发布吸引眼球的内容和广告，企业可以迅速提升品牌的在线影响力。此外，互动活动如线上挑战和抽奖活动，不仅能增加用户的参与度，还能通过用户的分享行为实现更广泛的传播，吸引更多潜在游客的关注和参与。

建立忠诚度计划是提高客户品牌忠诚度和市场占有率的有效策略。通过积分和优惠活动，鼓励游客重复消费，不仅能增加企业的收入，还能增强客户的品牌黏性。忠诚度计划可以通过多种形式实现，如会员积分、折扣优惠和专属活动等。这些措施不仅能激励游客再次光临，还能通过口碑传播吸引新的客户群体，形成良性循环，进一步巩固企业在冰雪旅游市场中的地位。

（二）跨界合作与资源共享的市场拓展

冰雪产业作为一个高度依赖自然资源和季节性因素的行业，其发展需要与其他行业深度融合。推动冰雪产业与旅游、文化、体育等相关行业的跨界合作，可以实现资源的整合与共享，共同开发具有吸引力的冰雪主题旅游产品。这种合作不仅能丰富产品内容，还能通过整合各行业的优势资源，提高市场吸引力，吸引更多的游客参与冰雪旅游活动。

建立冰雪产业联盟是实现跨界合作与资源共享的关键一步。通过这种联盟，企业之间可以实现信息共享与协作，从而形成更强大的合力，提升整体市场竞争力。联盟的建立不仅有助于资源的高效配置，还能通过联合营销和品牌推广，扩大冰雪旅游市场的影响力和覆盖面。同时，联盟成员可以在市场调研、产品开发和客户服务等方面进行深度合作，进一步提升冰雪旅游的整体水平和服务质量。

与科技企业的合作为冰雪旅游市场拓展提供了新的机遇。利用智能技术提升冰雪旅游体验是吸引年轻游客的重要手段。虚拟现实导览和智能设备租赁等技术的应用，可以为游客提供更为丰富和个性化的体验。这不仅能提高游客的参与度，还能通过科技手段提升冰雪旅游的安全性和便利性。此外，科技企业的参与也能为冰雪旅游产品的创新和推广提供技术支持，促进冰雪产业的现代化发展。

冰雪产业与教育机构的合作在于提高公众对冰雪运动的认知和参与度。通过推出冰雪文化课程和实践活动，可以将冰雪运动的知识和技能普及更广泛的人群。这种合作不仅能够培养潜在的冰雪运动爱好者，还能通过教育的方式提升公众对冰雪产业的理解和支持。教育机构的参与为冰雪旅游市场的拓展带来了新的视角和思路，有助于形成良好的社会氛围和市场环境。

（三）新媒体平台的冰雪旅游创新营销

随着技术的迅速发展，新媒体平台为冰雪旅游提供了丰富的营销渠道。利用短视频平台进行冰雪旅游推广，通过生动的视觉内容吸引年轻游客的关注，已成为提升品牌曝光率的重要手段。短视频以其直观性和趣味性，能够快速传达冰雪旅游的独特魅力，吸引更多年轻群体的目光。通过这些平台，旅游企业可以展示滑雪场地、设施以及独特的冰雪活动，从而在激烈的市场竞争中脱颖而出。

线上直播活动作为新媒体平台的另一种创新营销方式，也在冰雪旅游推广中发挥着不可或缺的作用。通过邀请冰雪运动员或旅游达人分享他们的冰雪体验，直播活动不仅为观众提供了真实的场景感受，还增强了互动性和参与感。观众可以实时提出问题，获取专家的建议和意见，从而激发他们对冰雪旅游的兴趣。这样的互动形式不仅提高了观众的参与度，还为品牌建立了更为亲密的客户关系，推动了旅游目的地的知名度和吸引力。

社交媒体平台的用户生成内容营销策略，已成为冰雪旅游创新营销的关键组成部分。通过鼓励游客分享他们的冰雪旅游经历，形成良好的口碑传播，社交媒体成为重要的营销工具。游客自发生成的内容，因其真实性和个性化，往往更能引起潜在游客的共鸣。这样的用户生成内容，不仅为其他游客提供了真实的参考，也为旅游企业节省了大量的营销成本，同时提升了品牌的可信度和影响力。

结合新媒体广告投放，利用精准定位技术向潜在游客推送个性化的冰雪旅游产品信息，是提升营销效果的有效方式。新媒体广告通过大数据分析，能够精准识别目标受众的兴趣和需求，从而实现广告的精准投放。这种个性化的营销策略，不仅提高了广告的转化率，还增强了游客的体验感受。通过精准的市场定位，冰雪旅游企业能够更有效地吸引和留住目标客户群体，推动冰雪旅游市场的持续发展。

第二章　冰雪经济高质量发展的创新路径

第一节　优化冰雪产业结构

一、促进冰雪产业内部结构优化

（一）推动冰雪竞技与休闲的均衡发展

冰雪运动作为一项兼具竞技性与休闲性的活动，如何在两者之间取得平衡，是产业发展的关键。通过建立多元化的冰雪竞技与休闲活动体系，可以满足不同消费群体的需求，促进产业的全面发展。不同年龄和兴趣的消费者对冰雪运动的需求各异，因此，设计多样化的活动内容和形式，能够有效吸引更多的参与者。特别是对于冰雪休闲活动的推广，可以在一定程度上缓解竞技活动的季节性限制，从而实现全年运营。

建立冰雪竞技与休闲活动的多元化体系，以满足不同消费群体的需求，需要在活动设计上注重创新与多样性。通过引入不同形式的冰雪活动，如冰雪嘉年华、冰雪马拉松等，能够吸引更广泛的消费群体参与。同时，针对不同的消费群体，提供个性化的服务和体验，以提升消费者的满意度和参与度。此外，结合地方特色和文化，开发具有区域特色的冰雪活动，也有助于增强活动的吸引力和竞争力。

推动冰雪场地设施的综合利用，鼓励竞技与休闲项目的融合发展，是实现冰雪产业结构优化的有效手段。通过对现有冰雪场地设施进行功能拓展和升级改造，可以在不增加过多成本的情况下，提升场地的使用效率。竞技项目与休闲项目的融合，不仅可以丰富活动内容，还能够吸引更多的消费者参与。在此过程中，需要注重设施的安全性和舒适性，以提高参与者的体验感和满意度。

加强冰雪文化宣传，提升公众对冰雪竞技与休闲活动的认知与参与度，是推动冰雪产业发展的重要策略。通过多渠道、多形式的宣传活动，可以提高公众对冰雪运动的认知水平，增强其参与意愿。特别是在青少年群体中，开展冰雪文化教育和推广活动，有助于培养他们对冰雪运动的兴趣和爱好。

此外，通过举办大型冰雪赛事和活动，也能够有效提升冰雪运动的社会影响力和知名度。

引入科技手段，提升冰雪运动的安全性与趣味性，吸引更多家庭参与，是冰雪产业发展的重要方向。通过科技手段的应用，可以提高冰雪运动的安全性，降低参与风险，从而吸引更多家庭参与。同时，科技的应用也可以增加冰雪运动的趣味性和互动性，提升参与者的体验感。通过智能设备、虚拟现实等技术的应用，可以为参与者提供更加丰富和多样的体验，增强冰雪运动的吸引力。

（二）加强冰雪旅游与科技的深度融合

通过将现代科技应用于冰雪旅游中，不仅可以提升游客的体验，还能有效提高产业的整体效益。利用大数据分析技术，冰雪旅游企业能够更精准地洞察消费者需求和市场趋势。这种数据驱动的策略使旅游产品的开发更加贴合市场实际，避免了资源的浪费与重复投入。通过对游客行为和偏好的深入分析，企业可以设计出更具吸引力的旅游产品和服务，从而提高市场竞争力。

引入虚拟现实和增强现实技术，能够显著提升冰雪旅游的沉浸感和互动性。这些技术不仅为游客提供了全新的感官体验，还能在传统旅游项目中注入新的活力。例如，游客可以通过虚拟现实技术体验到逼真的滑雪场景，而不必亲临其境。这种创新的体验方式，极大地拓展了冰雪旅游的可能性，吸引了更多年轻游客和科技爱好者。

智能化管理系统在冰雪场地的应用是提升运营效率和游客体验的重要手段。通过智能化系统，场地管理者可以实时监控场地的运营情况，及时调整运营策略，以应对突发状况。同时，游客也能通过智能系统获取更便捷的服务体验，如快速购票、导航、排队等。这种智能化的管理模式，不仅提高了场地的运营效率，还增强了游客的满意度和忠诚度。

开发基于移动互联网的冰雪旅游应用程序，为游客提供实时信息和个性化服务，是提升旅游体验的又一重要举措。这些应用程序可以为游客提供天气预报、场地开放情况、活动安排等信息，帮助游客更好地规划行程。此外，通过个性化推荐功能，游客可以根据自已的兴趣和需求，获取到更为合适的旅游产品和服务，增强旅游体验的个性化和满意度。

加强与科技企业的合作，研发新型冰雪运动装备，是提升运动安全性与舒适度的有效途径。与科技企业的合作可以加速新材料、新技术在冰雪装备中的应用，提升装备的性能和安全性。例如，智能防护装备可以实时监测运动员的身体状况，提供安全预警，减少运动伤害的发生。这种跨界合作模式，不仅提升了冰雪运动的专业性和安全性，还推动了整个冰雪产业的技术进步和创新。

（三）拓展冰雪教育与培训的多元化渠道

当前，冰雪产业的快速发展对专业人才的需求日益增加，建立多层次的冰雪教育体系显得尤为重要。基础教育、高等教育和职业培训的相互衔接，能够培养出不同层次的冰雪人才，满足产业多元化发展的需求。在基础教育阶段，应注重冰雪运动的普及和兴趣培养，为学生提供更多接触冰雪运动的机会。在高等教育阶段，设置相关专业和课程，培养具有理论知识和实践能力的专业人才。职业培训则侧重于实际操作技能的提升，为冰雪产业提供高素质的技术工人和管理人员。

开展冰雪运动的师资培训是提高冰雪运动质量的关键。高水平的教练员和裁判员是冰雪运动顺利开展的重要保障，因此，需要建立完善的师资培训体系，提高从业人员的专业素养。通过定期举办培训班、研讨会和交流活动，提升教练员和裁判员的理论水平和实践能力。此外，还应鼓励他们参与国际交流，学习先进的教学方法和比赛规则，以便更好地指导运动员和组织赛事。

随着信息技术的快速发展，利用线上平台和课程拓宽冰雪教育的受众范围成为可能。通过网络课程和直播教学，能够打破地域和时间的限制，使更多人能够方便地获取冰雪知识和技能。这种方式不仅可以降低学习成本，还能吸引更多对冰雪运动感兴趣的人群，扩大冰雪教育的覆盖面。同时，线上教育平台还可以提供个性化的学习内容，满足不同学习者的需求，提高学习效率。

与国际冰雪组织的合作是提升国内冰雪教育国际化水平的重要途径。通过引入先进的冰雪教育理念和课程，国内冰雪教育可以与国际接轨，提高教育质量和水平。国际合作不仅可以带来新的教学方法和管理经验，还能促进文化交流和理解，为国内冰雪教育注入新的活力。此外，国际合作还可以为国内学生提供更多出国交流和学习的机会，开阔他们的视野，增强他们的全球竞争力。

二、推动冰雪产业与其他产业融合发展

（一）促进冰雪产业与文化创意产业的结合

通过将冰雪产业与地方特色相结合，可以开发出具有地域文化特色的冰

雪运动项目。这不仅能够吸引更多的游客参与，还能在旅游淡季为地方经济注入活力。以东北地区为例，冰雪节的举办不仅展示了当地的冰雪资源，也通过融入传统文化元素，增强了游客的体验感和参与感。这种结合不仅丰富了冰雪产业的内涵，也为文化创意产业提供了新的发展空间，两者的协同效应显著。

利用文化创意手段设计冰雪运动相关的艺术作品和文创产品，可以有效提升冰雪产业的附加值。文化创意产业以其独特的创意和设计能力，为冰雪产业提供了新的发展思路。通过艺术作品的展示和文创产品的销售，冰雪运动不再仅仅是身体活动的体现，而是成为一种文化体验。这种转变不仅提升了冰雪产业的市场价值，也增强了消费者的文化认同感和归属感，进一步推动了冰雪经济的可持续发展。

开展冰雪主题的文化活动和赛事，能够有效增强公众对冰雪运动的认知和热情。通过举办各类冰雪主题活动，如冰雕艺术展、冰雪嘉年华等，不仅可以吸引大量游客，还能通过媒体的广泛传播，提升冰雪运动的知名度。这种文化活动的开展，不仅丰富了冰雪产业的内容，也促进了文化与冰雪产业的互动，为冰雪经济的发展提供了新的动力。同时，这些活动还可以成为城市文化名片，提升城市的整体形象和吸引力。

鼓励冰雪企业与艺术家、设计师合作，打造跨界合作的冰雪文创品牌，是提升品牌影响力和市场竞争力的重要策略。通过跨界合作，冰雪企业可以借助艺术家的创意和设计师的专业能力，打造出独具特色的冰雪文创产品。这不仅有助于提升品牌的市场辨识度，还能吸引更多的消费者关注和购买。这种合作模式不仅拓宽了冰雪产业的市场空间，也为文化创意产业的创新提供了新的灵感和方向，二者的相互促进作用显著。

（二）推动冰雪休闲运动与健康产业的协同发展

冰雪休闲运动作为一种新兴的生活方式，正逐渐被大众所接受，与此同时，健康产业的蓬勃发展也为冰雪产业的创新提供了新的契机。通过整合两者的资源和优势，能够形成新的经济增长点，并在满足消费者多元化需求的同时，推动产业的可持续发展。

推动冰雪休闲运动与健康管理相结合，是实现协同发展的关键步骤。通过开发针对不同人群的冰雪健身课程，可以有效增强参与者的身体素质和心理健康。这些课程不仅需要考虑不同年龄、性别和健康状况的人群，还需结合冰雪运动的特点，设计出科学合理的训练计划。通过这种方式，不仅能够提高参与者的运动体验，还可以增强其健康意识，形成良性循环，进一步推动冰雪产业的健康发展。

建立冰雪休闲与健康产业的跨界合作机制，是推动两者融合发展的重要手段。通过鼓励健身机构与冰雪场馆联合推出优惠套餐，可以吸引更多消费者参与冰雪运动。这种跨界合作不仅能够扩大市场规模，还可以通过资源共享降低运营成本，提高服务质量。此外，合作机制的建立还能够促进信息交流和技术共享，为产业创新提供支持，从而推动冰雪经济的高质量发展。

通过健康监测技术提供个性化的冰雪运动方案，是提升运动效果与安全性的有效途径。现代科技的发展使健康监测和数据分析成为可能，冰雪产业可以利用这一技术优势，为参与者提供个性化的运动建议。这不仅能够帮助参与者科学合理地安排运动量，避免运动损伤，还可以通过数据反馈不断优化运动方案，提高运动效果。这种以科技为支撑的个性化服务，将成为冰雪产业吸引消费者的重要因素。

开展冰雪休闲与健康主题的宣传活动，能够增强公众对冰雪运动在促进健康方面的认知。通过多渠道的宣传，可以有效提升冰雪运动的社会认知度和接受度，吸引更多人参与冰雪健身。这些宣传活动不仅可以普及冰雪运动的知识和益处，还可以通过案例分析展示成功的健康改善实例，激发公众的参与热情。通过这种方式，冰雪产业能够进一步扩大其市场影响力，实现高质量发展。

（三）加强冰雪产业与绿色环保产业的协同创新

在冰雪产业与绿色环保产业的协同创新中，推动冰雪产业在场地建设中采用可再生材料显得尤为重要。这不仅有助于减少资源消耗和环境影响，还能有效提升产业的绿色发展水平。在场地建设过程中，采用可再生材料如木材、竹材等，不仅能够减少对传统材料的依赖，还能降低碳排放。此外，通过引入先进的建筑技术和设计理念，可以进一步优化场地的能源使用效率，减少对环境的负面影响。这种绿色转型不仅符合全球可持续发展的趋势，也为冰雪产业的长远发展奠定了坚实基础。

开发与冰雪运动相关的环保装备和器材是冰雪产业绿色发展的另一重要举措。通过使用可降解材料制作滑雪板和冰鞋等装备，产业可以有效促进绿色消费理念的普及。这种创新不仅满足了消费者对环保产品日益增长的需求，也体现了企业在绿色技术研发上的投入和努力。环保装备的开发还可以推动相关技术的进步和应用，增强企业在国际市场上的竞争力，同时也为消费者提供了更多选择，引导其参与到绿色消费的浪潮中。

建立冰雪产业的生态补偿机制，旨在通过植树造林和生态恢复等手段，提升冰雪场地周边的生态环境质量。这一机制不仅能够平衡产业发展与生态保护之间的关系，还能为企业提供一种新的发展模式和责任意识。通过生态补偿措施，企业可以在发展过程中主动承担环境责任，提升其社会形象和品牌价值。同时，这也为地方政府和社区提供了更多的生态福利，促进了区域的可持续发展。

开展冰雪产业的绿色认证体系，是鼓励企业通过环保措施提升市场竞争力的有效途径。绿色认证可以为消费者提供一个明确的环保标准，帮助其在选择产品和服务时做出更环保的决策。对于企业而言，获得绿色认证不仅是一种荣誉，更是一种市场竞争优势。通过积极参与绿色认证，企业可以吸引更多消费者关注和参与绿色冰雪活动，进一步扩大其市场份额和影响力。这种认证体系的建立，也将推动整个行业向更加绿色、可持续的方向发展。

三、提升冰雪产业国际化水平

（一）构建跨国冰雪运动交流合作平台

通过建立跨国冰雪运动联盟，可以有效促进各国冰雪运动组织的合作与交流。这不仅有助于推动共同举办国际冰雪赛事和活动，还能增强各国之间的友好关系。跨国联盟的建立，能够整合各国的资源与优势，从而在更大范围内推广冰雪运动，提高其国际影响力。同时，联盟的合作机制也为各国冰雪运动员提供了更多的交流与竞技机会，促进了全球冰雪运动的发展。

搭建国际冰雪运动信息共享平台为各国冰雪运动参与者提供了一个获取最新赛事动态、培训资源和技术支持的渠道。这一平台的建立，不仅能够帮助运动员和教练员及时掌握全球冰雪赛事的相关信息，还能提供先进的训练方法和技术指导。通过信息共享，各国的冰雪运动参与者可以相互借鉴，提升自身的竞技水平。同时，平台的开放性也为各国冰雪产业的从业者提供了一个广阔的交流空间，促进了冰雪产业的整体发展。

举办国际冰雪文化交流活动是展示各国冰雪文化特色的重要途径。通过这些活动，各国能够展示其独特的冰雪文化，增强不同国家之间的相互理解与合作。这不仅有助于增进各国人民之间的友谊，也为冰雪产业的发展注入了丰富的文化内涵。文化交流活动的多样性和广泛性，使冰雪文化能够在全球范围内传播和发展，提升了冰雪产业的国际影响力。

推动跨国冰雪产业投资合作是吸引国外资本参与国内冰雪项目开发的重要手段。通过吸引国外资本，不仅可以为国内冰雪项目的开发提供资金支持，还能引入先进的管理经验和技术，提升整体产业竞争力。跨国投资合作的推进，有助于优化冰雪产业结构，促进冰雪经济的高质量发展。这种合作模式的多样性和灵活性，为冰雪产业的国际化发展提供了新的可能性。

建立跨国冰雪运动人才交流机制是提升整体冰雪运动水平的关键。通过鼓励国际上的教练员、运动员和管理人员的互访与培训，可以有效提升各国冰雪运动的技术水平和管理能力。人才交流机制的建立，不仅促进了各国冰雪运动的技术进步，也为冰雪产业的发展储备了优秀的人才资源。这种机制的长期实施，将为冰雪运动的国际化发展提供持续的动力。

（二）加强国际冰雪产业标准化建设

国际冰雪产业标准化建设不仅涉及产品质量和安全性，还涵盖了装备和场地设施的统一标准。通过建立国际冰雪产业标准化组织，可以有效协调各国在冰雪运动装备和场地设施方面的标准制定，确保产品在国际市场上的竞争力和安全性。这一举措不仅有助于提升冰雪产品的国际认可度，还能增强消费者的信任和满意度，从而推动冰雪经济的进一步发展。

推动冰雪赛事标准化，是提升冰雪产业国际化水平的重要方面。制定统一的比赛规则和评分体系，有助于提高赛事的公正性和观赏性。国际冰雪赛事的标准化，不仅能够吸引更多的国际观众和赞助商，还能促进各国运动员之间的公平竞争与交流。通过这些努力，冰雪赛事将更具吸引力和影响力，进而推动冰雪运动在全球范围内的普及和推广。

冰雪产业从业人员的国际认证体系建设，是提升教练员、裁判员和运动员专业素养与国际竞争力的关键。建立完善的国际认证体系，可以确保从业人员具备必要的专业知识和技能，满足国际赛事和活动的要求。这不仅有助于提高从业人员的职业素养，还能促进各国之间的技术交流与合作，从而推动冰雪产业的整体发展。

为了促进各国在冰雪产业标准化方面的经验交流与合作，开展国际冰雪产业标准化培训和研讨活动尤为重要。这些活动为各国提供了一个分享经验和最佳实践的平台，有助于增进相互理解和合作。通过定期举办培训和研讨活动，各国可以在标准化建设方面不断学习和借鉴，推动冰雪产业的共同发展。

利用数字化技术建立冰雪产业标准化数据库，是提升行业标准化水平的重要手段。该数据库可以为行业提供实时的标准信息和技术支持，促进标准的更新与实施。通过数字化技术，冰雪产业可以更快速、更高效地应对市场变化和技术进步，确保标准化工作的持续推进。这一举措不仅有助于提高行业的整体效率，还能为冰雪经济的高质量发展提供坚实的技术保障。

（三）打造国际化冰雪品牌和形象

冰雪产业作为一项具有地域特色的经济活动，其国际化发展不仅有助于提升国家的文化软实力，也能促进经济的多元化增长。通过建立全球冰雪品牌联盟，跨国合作能够有效提升品牌的知名度与影响力，形成统一的国际形象。这不仅有助于各国冰雪产业的互联互通，更能在全球市场中树立强大的品牌形象，吸引更多国际投资与合作机会。

开发具有国际特色的冰雪产品和服务是提升品牌国际化水平的重要举措。通过创新设计与市场推广，冰雪产业可以吸引全球消费者的关注与参与。国际化的产品设计不仅要符合当地市场需求，还需融入全球流行元素，以增强产品的吸引力和竞争力。市场推广策略则需结合多样化的渠道，利用数字化平台和社交媒体的广泛传播能力，将冰雪产品和服务推向国际市场，扩大其消费群体。

国际大型赛事作为品牌推广平台，其重要性不容忽视。通过赞助和参与国际赛事，冰雪品牌能够在短时间内获得高曝光率，极大提升其市场竞争力。赛事期间，品牌可以通过各种互动活动与全球观众建立联系，增强品牌的国际认知度。此外，赛事主办地的选择也应考虑品牌战略布局，以最大化地利用赛事带来的品牌效应和市场机会。

加强与国际媒体的合作是提升冰雪品牌全球影响力的有效途径。通过与国际知名媒体建立合作关系，冰雪品牌可以借助其全球传播渠道展示自身的独特魅力。这不仅提升了品牌的认知度，也为品牌进入新市场奠定了基础。媒体合作还可以通过专题报道、纪录片等形式，深入挖掘品牌的文化内涵和历史背景，增强品牌的故事性和吸引力。

构建冰雪品牌文化是增强消费者情感认同与忠诚度的关键。通过讲述品牌故事和传递品牌价值，冰雪品牌可以在消费者心中建立起深厚的情感联系。品牌文化的构建需注重本土文化与国际元素的融合，以展现品牌的独特性和普适性。通过品牌文化的传播，冰雪产业不仅能吸引更多消费者的关注，也能在国际市场中建立起长期的品牌忠诚度，为产业的可持续发展提供动力。

第二节 拓展冰雪消费市场

一、创新冰雪消费模式

（一）构建沉浸式冰雪消费体验

通过整合现代技术与传统冰雪运动，能够有效提升消费者的参与感与满意度。利用虚拟现实技术创建逼真的冰雪场景，使消费者即使身处家中，也能感受到滑雪和冰上运动的乐趣。这种技术的应用不仅突破了地理和气候的限制，同时也为冰雪运动爱好者提供了全天候的体验机会。此外，设计互动式冰雪体验项目，结合游戏元素，能够吸引更多的家庭和年轻消费者参与其中。通过将游戏和冰雪运动有机结合，不仅提高了娱乐性，还能培养消费者的运动兴趣和技能。

个性化定制的冰雪运动套餐是满足不同消费者需求的有效手段。根据消费者的需求和喜好提供量身定制的体验，不仅能够提高消费者的满意度，还能增加消费的多样性和灵活性。这种定制化服务的推出，不仅增强了消费者的参与感，也为冰雪产业注入了新的活力。此外，在冰雪消费场所中引入多感官体验元素，如气味、声音和触感，可以显著提升整体氛围。通过营造身临其境的体验环境，消费者在享受冰雪活动的同时，也能沉浸于独特的感官体验中，从而增强消费的吸引力和记忆点。

推出冰雪主题的社交活动是加强消费者互动和品牌认同感的有效方式。通过鼓励消费者在体验中分享与互动，可以增强品牌的社区感和归属感。这种社交活动不仅是简单的消费行为，更是一种文化和生活方式的传播。通过这种方式，品牌能够与消费者建立更加紧密的联系，从而提升品牌忠诚度和市场竞争力。通过多层次、多维度的沉浸式消费体验的构建，冰雪产业可以在激烈的市场竞争中占据有利位置，推动冰雪经济的高质量发展。

（二）发展智能化冰雪消费服务

在现代冰雪经济的发展中，智能化消费服务成为提升用户体验和市场竞争力的重要手段。通过开发基于人工智能的个性化推荐系统，可以深入分析消费者的历史消费数据和个人偏好。这种系统不仅能够为消费者提供量身定制的冰雪运动建议，还能显著提升用户的满意度。随着人们对个性化体验需求的增加，智能化的推荐系统正在成为冰雪产业中的一个关键创新点，推动着整个行业朝高质量服务方向发展。

智能设备和应用程序的引入，为冰雪场馆的运营带来了革命性的变化。通过智能预约和支付系统，消费者可以轻松地安排自己的冰雪活动时间，避免了传统预约方式的烦琐。这种便捷的消费流程，不仅提升了用户的参与热情，也为冰雪场馆带来了更高的运营效率。智能化服务的普及，正逐步改变着冰雪消费市场的格局，使其更加贴近现代消费者的需求。

智能穿戴设备的推广，为冰雪运动参与者的体验和安全提供了保障。这些设备能够实时监测消费者在冰雪运动中的身体状态，并提供个性化的运动建议和安全提示。通过这种技术手段，参与者可以在享受冰雪乐趣的同时，确保自身的安全。这种创新不仅提升了参与者的体验，也为冰雪产业的安全管理提供了新的解决方案，推动着行业的健康发展。

（三）推动线上线下冰雪消费互动

建立线上线下互动的冰雪消费平台，使消费者能够在不同渠道获取信息和服务，是提升消费体验的关键。通过这种互动，消费者不仅能够在家中方便地获取冰雪运动的详细信息，还能通过平台进行预订和购买，享受便捷的消费流程。这样的模式不仅提高了消费者的满意度，也为冰雪产业带来了新的增长点。

推出线上预订和线下体验结合的冰雪运动套餐，是鼓励消费者提前规划行程的有效方法。这种套餐模式能够为消费者提供价格上的优惠和便利的服务体验，吸引更多潜在消费者参与冰雪运动。通过提前规划，消费者可以更好地安排时间和预算，从而提升对冰雪运动的参与度和满意度。此外，这种模式也帮助冰雪产业更好地预测市场需求，优化资源配置，提高运营效率。

社交媒体的广泛应用为线上冰雪运动的分享和互动提供了广阔的平台。通过社交媒体，消费者可以分享自己的冰雪运动体验，增强参与感。同时，品牌可以通过社交媒体与消费者进行实时互动，增加品牌的曝光率和消费者的忠诚度。这样的互动不仅有助于品牌形象的塑造，也能通过用户生成内容吸引更多的潜在消费者，形成良性循环，进一步推动冰雪经济的发展。

移动应用程序在冰雪运动中的应用，极大地提升了消费者在参与过程中的互动性和满意度。通过这些应用程序，消费者可以实时获取冰雪运动的最新信息和反馈，帮助他们做出更明智的决策。移动应用程序不仅提供了便利的服务渠道，还通过个性化推荐和推送服务，提升了消费者的整体体验。这种即时互动的方式，增强了消费者对冰雪运动的参与热情和忠诚度。

线上冰雪社区的建立，为消费者提供了一个分享个人体验和建议的平台，促进了品牌与消费者之间的深度交流与互动。在这样的社区中，消费者可以分享他们的冰雪运动经历，提出改进建议，帮助品牌更好地了解消费者需求。品牌通过积极回应和互动，可以增强消费者的信任感和归属感，进而提升品牌的市场竞争力。这种互动不仅丰富了消费者的体验，也为冰雪产业的发展提供了新的动力。

二、提升冰雪消费体验

（一）提升冰雪运动设施的舒适性与安全性

冰雪运动设施的舒适性与安全性直接影响消费者的体验感受，因此需从多方面进行提升。首先，采用先进的安全监测系统至关重要。通过实时监控冰雪运动设施的使用情况和安全隐患，可以确保及时处理潜在风险，保障消费者的安全。这不仅提升了设施的安全性，也增强了消费者的信任感，使他们更愿意参与冰雪运动。

在提升舒适性方面，采用符合人体工程学设计的运动设施是关键。这样的设计能够有效提升用户在冰雪运动中的舒适性，减少运动损伤的发生。人体工程学设计不仅关注设备的功能性，还要考虑使用者的生理和心理需求，确保每一次运动体验都能达到最佳状态。这种设计理念的应用，能够显著提高消费者的满意度和参与度。

维护和检修是保障冰雪运动设施正常运转和安全性的基础。定期对设施进行全面的维护和检修，不仅能延长设备的使用寿命，还能预防潜在的安全隐患。

通过专业的检测和维护，确保每一台设备都处于最佳状态，为消费者提供安全可靠的运动环境。这种细致的管理方式，不仅提升了设施的安全性，也增强了消费者的信任感，助力冰雪经济的可持续发展。

环境设计在提升消费者体验中同样扮演着重要角色。通过加强冰雪运动设施的环境设计，创造良好的氛围和视觉体验，可以有效提升消费者的参与意愿和满意度。环境设计不仅限于设施本身，还包括周边环境的整体布局和氛围营造。良好的环境设计能够激发消费者的运动兴趣，增强他们的参与感和归属感，进一步推动冰雪消费市场的拓展。

（二）加强冰雪运动的互动性和参与感

通过设计多样化的冰雪运动，可以满足不同年龄段和技能水平的参与者的需求，从而增强冰雪运动的包容性和吸引力。多样化的运动设计不仅提高了参与者的兴趣，还能通过满足不同偏好的群体来扩大市场覆盖面。例如，针对儿童的趣味滑雪课程、青少年的竞技滑雪比赛以及成人的休闲滑雪项目，都可以根据不同的目标群体进行定制化设计。这种多元化的运动设置不仅丰富了冰雪运动的内容，也为不同背景和需求的消费者提供了更多选择。

在现代社交媒体高度发达的背景下，引入社交媒体互动环节成为提升冰雪运动参与感的重要策略。通过鼓励参与者在运动中分享实时体验，可以有效地提升运动的传播效果。参与者通过发布照片、视频以及个人感受，不仅能为运动带来更多的关注和流量，还能吸引潜在的消费者加入。社交媒体的传播特性使运动的影响力可以快速扩散，从而提升品牌的知名度和美誉度。此外，通过线上互动，运动组织者还可以及时获取参与者的反馈，以便于后续运动的优化和改进。

团队竞技和合作项目的举办，可以有效促进参与者之间的互动与交流，增强社区感和归属感。这类运动不仅提供了一个展示个人技能的平台，还为参与者创造了一个相互协作和支持的机会。通过团队合作，参与者能够建立更深厚的情感联系，形成一个紧密的社群网络。这种归属感和社区意识，不仅提高了参与者的运动满意度，还能通过口碑传播吸引更多人参与，进而扩大冰雪运动的影响力和参与度。

提供个性化的参与反馈机制，是优化冰雪运动设计和提升参与体验的重要手段。通过及时收集参与者的意见和建议，运动组织者可以了解活动的优缺点，从而进行针对性的调整和改进。个性化的反馈不仅能增强参与者的满意度，还能提高他们的忠诚度和重复参与的意愿。通过不断优化运动设计，冰雪运动能够保持新鲜感和吸引力，从而在激烈的市场竞争中保持优势。

结合游戏化元素，设置挑战和奖励机制，是激励参与者积极参与的重要策略。通过设计趣味性和互动性兼具的运动环节，可以提升参与者的积极性和参与感。挑战和奖励机制不仅能激发参与者的竞争意识，还能通过提供即时的成就感和奖励，增强运动的趣味性。这种游戏化的设计不仅能吸引更多的参与者，还能通过提升运动的娱乐性和互动性，提高整体的消费体验。

（三）优化冰雪场馆的便捷性和可达性

冰雪场馆作为冰雪运动和休闲活动的核心载体，其便捷性直接影响游客的参与意愿和满意度。通过优化交通接入，确保主要交通干道与场馆之间的便捷连接，可以有效减少游客的出行时间，提高出行效率。这不仅有助于提升游客的整体体验，也能增强场馆的吸引力和竞争力。在此过程中，合理规划和建设交通基础设施显得尤为重要，需要结合当地的地理和交通条件，确保游客能够快速、便捷地到达场馆。

在优化冰雪场馆的可达性方面，增设多样化的停车设施是一个重要的举措。智能停车系统的引入，可以有效解决停车难的问题，满足不同规模游客的需求。通过实时监控和调度停车位，智能停车系统能够大幅提高停车效率，减少游客寻找停车位的时间。此外，停车设施的多样化设计，也需要考虑到不同类型车辆的需求，包括私家车、大巴以及电动车等，确保所有游客都能方便地找到合适的停车位。这种多样化的停车设施，不仅提升了场馆的可达性，也为游客提供了更多的便利和选择。

冰雪场馆的包容性是提升消费体验的一个重要方面。提供无障碍设施，确保所有游客，包括残障人士，能够方便地进入和使用冰雪场馆，是提升场馆包容性的重要举措。这不仅体现了对所有游客的尊重和关怀，也为他们提供了平等参与冰雪运动的机会。无障碍设施的建设，需要在场馆的设计和规划阶段就加以考虑，包括无障碍通道、专用停车位、无障碍卫生间等。通过完善的无障碍设施，冰雪场馆能够吸引更多的游客群体，提升整体的消费体验。

智能导航系统的整合，是提升冰雪场馆便捷性和可达性的现代化手段。通过提供实时的场馆信息和指引，智能导航系统能够帮助游客快速找到所需的设施和活动区域，提升其在场馆内的体验感和满意度。智能导航系统的应用，不仅可以减少游客在场馆内的迷茫和困惑，也能提高场馆的运营效率。此外，通过与其他智能设施的联动，智能导航系统还能为游客提供个性化的服务和建议，进一步提升其消费体验和满意度。

为了鼓励游客使用公共交通前往冰雪场馆，建立完善的公共交通衔接机制是必要的。通过制定联票政策，游客可以在享受冰雪运动的同时，还能享受便捷的公共交通服务。这不仅有助于缓解交通压力，减少碳排放，也能为游客提供一种经济实惠的出行选择。完善的公共交通衔接机制，需要与当地交通部门密切合作，合理规划公交线路和班次，确保游客能够顺利到达冰雪场馆。这种公共交通与冰雪场馆的无缝衔接，将极大地提升游客的出行便利性和整体消费体验。

三、优化冰雪消费环境

（一）建设绿色与环保的冰雪消费环境

通过推广可再生能源在冰雪场馆的使用，不仅能够有效降低碳排放，还可以实现场馆的绿色运营。这一做法不仅符合全球应对气候变化的趋势，也为冰雪产业的可持续发展奠定了基础。通过在冰雪场馆中安装太阳能板、风力发电设备等措施，能够大幅度减少传统能源的使用，从而降低对环境的负面影响。同时，这也为冰雪产业树立了良好的环保形象，吸引了更多关注绿色消费的群体。

建立冰雪消费场所的绿色认证体系是提升市场竞争力的有效手段。通过对冰雪消费场所的环保措施进行认证，可以鼓励企业积极采取环保措施，从而在市场中获得更高的认可度。绿色认证体系不仅能够帮助消费者识别环保友好的场所，还能激励其他企业效仿，从而在整个行业中形成绿色发展的良性循环。这种机制在国内外都有成功的实施案例，显示出其在提升企业竞争力和推动行业可持续发展方面的巨大潜力。

引入环保材料用于冰雪运动装备的生产也是建设绿色消费环境的重要环节。通过使用可降解、可回收的材料，可以有效减少冰雪运动装备对环境的影响。环保材料的应用不仅是在响应全球环保趋势，同时也是满足消费者日益增长的环保需求。随着消费者环保意识的提高，越来越多的人在选择冰雪运动装备时会优先考虑其环保性能。因此，企业在生产过程中引入环保材料，不仅可以减轻环境负担，还能在市场中占据优势地位。

开展冰雪消费环境的生态教育活动，有助于提高消费者的环保意识，促进绿色消费理念的传播。通过组织各类生态教育活动，如环保讲座、绿色消费展览等，可以向消费者传递环保知识，增强其环保责任感。这些活动不仅能够提升消费者的环保意识，还能激励他们在日常生活中践行绿色消费理念，从而对冰雪产业的可持续发展产生积极影响。生态教育活动的开展，也为冰雪消费市场的拓展提供了新的路径和思路。

（二）加强冰雪消费场所的科技赋能

通过引入智能化管理系统，冰雪场馆能够实现智能预约、支付和客户服务的全面升级。这不仅简化了消费者的操作流程，也大大提升了他们的参与体验和便利性。智能化管理系统通过整合多种服务功能，能够为消费者提供一站式的服务体验，从而吸引更多人参与冰雪活动。智能预约系统可以有效减少排队时间，智能支付则确保交易的安全性和便捷性，智能客户服务则为消费者提供及时的帮助和反馈。

虚拟现实和增强现实技术的部署，为冰雪消费场所带来了全新的体验。这些技术能够创造出沉浸式的冰雪体验，吸引更多消费者参与冰雪活动。通过虚拟现实和增强现实技术，消费者可以在虚拟环境中体验真实的冰雪运动，增加了活动的趣味性和挑战性。这不仅丰富了冰雪消费的内容，也为冰雪产业开辟了新的发展空间。虚拟现实和增强现实技术的应用，有助于提高消费者的参与度和满意度，进而推动冰雪经济的增长。

物联网技术在冰雪场馆中的应用，提升了设备的智能监控和管理能力。通过物联网技术，冰雪场馆能够实现设备的实时监控，确保设施的安全性和运营效率。智能监控系统能够及时发现设备故障，并进行远程诊断和维护，减少了设备停机时间，提高了场馆的运营效率。此外，物联网技术还可以帮助场馆管理者优化资源配置，降低运营成本，为消费者提供更好的服务体验。

基于移动互联网的冰雪消费应用程序的开发，为消费者提供了实时信息、个性化服务和社交互动的平台。这些应用程序不仅提高了消费者的参与感和满意度，还增强了他们与冰雪场馆的互动。通过移动应用，消费者可以获取最新的运动信息、参与在线预订和支付，以及与其他消费者交流和分享体验。这种互动不仅增加了消费者的黏性，也为冰雪场馆提供了更多的市场推广机会，进一步推动了冰雪消费市场的发展。

（三）提升冰雪消费环境的文化氛围

通过营造浓厚的文化氛围，不仅可以吸引更多的消费者参与冰雪运动，还能增强地方文化的认同感。冰雪文化作为一种独特的地域文化，具有丰富的历史与内涵。在塑造冰雪消费环境时，应注重将这种文化内涵融入其中，使消费者在享受冰雪运动的同时，能够感受浓厚的文化氛围。通过文化的渗透，提升消费者的体验感与满意度，从而促进冰雪经济的可持续发展。

打造具有地方特色的冰雪文化活动是提升文化氛围的有效途径。地方特色不仅能够吸引游客的注意力，还能增强他们的文化认同感。通过组织一系列具有地方特色的冰雪文化活动，如传统冰雪节庆、地方特色的冰雕展等，可以有效吸引游客的参与。这些活动不仅展示了地方的文化魅力，还为游客提供了与当地文化互动的机会，从而增强了他们对冰雪文化的认同感和归属感。这种文化认同感的增强，有助于提高游客的忠诚度，并促进冰雪经济的持续增长。

利用冰雪运动的历史和文化背景，开展主题展览和讲座，是提升公众对冰雪运动理解与兴趣的有效方式。通过展示冰雪运动的发展历程和文化背景，公众可以更深入地了解冰雪运动的魅力和价值。主题展览和讲座不仅可以丰富消费者的知识，还能激发他们对冰雪运动的兴趣。通过这种方式，不仅可以吸引更多的消费者参与冰雪运动，还能提高他们的参与积极性和忠诚度，从而为冰雪经济的可持续发展提供动力。

建立冰雪文化传播平台，通过社交媒体和线上社区分享冰雪运动的故事和经验，可以增强消费者的参与感。现代社会中，社交媒体和线上社区已成为信息传播的重要渠道。通过这些平台，可以将冰雪运动的精彩瞬间、参与者的体验故事以及冰雪文化的独特魅力传播给更广泛的受众。这种分享不仅可以激发潜在消费者的兴趣，还能增强现有消费者的参与感和归属感，从而促进冰雪消费市场的拓展。

鼓励冰雪场馆与当地艺术家合作，创作冰雪主题的艺术作品，是丰富冰雪消费环境文化内涵的重要举措。艺术作品不仅可以提升冰雪场馆的文化氛围，还能为消费者提供独特的艺术体验。通过这种合作，冰雪场馆可以将冰雪文化与艺术创作相结合，创造出具有艺术价值和文化内涵的作品。这些作品不仅可以吸引更多的游客，还能提升冰雪场馆的文化品位，从而增强其在市场中的竞争力。

开展冰雪主题的节庆活动，如冰雪嘉年华，结合音乐、美食和娱乐，是提升整体消费体验文化氛围的有效方式。冰雪嘉年华作为一种综合性的节庆活动，可以为消费者提供多样化的体验。在活动中，消费者不仅可以参与冰雪运动，还能享受丰富的音乐、美食和娱乐项目。这种多元化的体验不仅可以提升消费者的满意度，还能增强他们对冰雪文化的认同感和归属感，从而促进冰雪经济的可持续发展。

第三节　强化冰雪产业支持

一、加大冰雪产业资金投入

（一）建立专项冰雪产业投资基金

通过建立专项冰雪产业投资基金，可以有效支持冰雪项目的研发和基础设施建设，从而促进产业的可持续发展。冰雪产业作为新兴产业，需要大量的资金投入，而专项基金的建立能够为其提供稳定的资金支持，助力其快速成长。通过专项基金的支持，冰雪产业可以在技术创新、市场拓展和品牌建设等方面获得更大的发展空间。

为了提升冰雪产业的投资吸引力，政府应发挥引导作用，鼓励社会资本的广泛参与，形成多元化的资金来源。政府可以通过政策激励和风险补偿机制，吸引更多的社会资本进入冰雪产业，从而形成良好的投资生态。同时，社会资本的参与也能够带来更多的市场化运作经验和创新思维，进一步推动冰雪产业的发展。多元化的资金来源不仅能够满足冰雪产业的资金需求，还能够增强其市场竞争力。

设立专项基金管理机构是确保资金合理使用与透明管理的关键。通过专业的基金管理机构，可以对资金的使用进行严格的监管，确保资金流向符合产业发展的实际需要。透明的管理机制能够增强投资者的信心，提高其参与度，从而吸引更多的资金进入冰雪产业。此外，专业的管理机构还可以根据市场变化和产业需求，及时调整投资策略，提高资金的使用效率，确保投资效果的最大化。

（二）开发金融创新工具支持

冰雪产业的绿色金融产品开发，旨在鼓励企业采用环保技术和可持续发展模式。通过促进绿色投资的增长，金融机构不仅能为冰雪企业提供资金支持，还能推动整个产业朝绿色和可持续的方向发展。这种绿色金融的应用，不仅有助于减缓环境压力，还能为冰雪产业带来新的发展机遇。

为了进一步降低企业的资金成本，建立冰雪产业专项贷款和信贷支持政策尤为重要。这些政策可以为冰雪项目提供低利率融资，帮助企业在初期阶段获得必要的资金支持。通过降低融资成本，企业能够将更多资源投入技术创新和市场拓展，从而提升其市场竞争力和可持续发展能力。这种政策支持不仅能提高企业短期内的经济效益，还能为其长期发展奠定坚实的基础。

推动金融机构与冰雪企业合作，推出基于绩效的融资模式，是一种创新的融资方式。这种模式通过鼓励企业提高运营效率和市场竞争力来获得融资支持，有助于推动冰雪产业的高效发展。企业在这种模式下，不仅能够获得资金支持，还能通过优化自身运营，提升其市场竞争力和品牌价值。这种双赢的融资模式，将为冰雪产业的可持续发展提供新的动力。

探索利用区块链技术提升冰雪产业的融资透明度和效率，是未来发展的重要方向。区块链技术的应用可以确保资金流向的合规性与安全性，增强投资者信心。这种技术的引入，不仅能提高资金使用的透明度，还能降低金融风险，为冰雪产业的健康发展提供保障。通过这些金融创新工具的开发和应用，冰雪产业将迎来新的发展机遇和挑战。

（三）吸引国际资本拓展融资渠道

通过建立国际融资对接平台，冰雪产业项目能够与全球投资者实现直接沟通与合作。这种直接的交流不仅提升了项目的国际曝光度，还为项目的全球化发展奠定了基础。国际融资对接平台的建立，有助于消除信息不对称，促进资本流动，使冰雪产业能够在一个更广阔的市场中寻求资金支持。这一策略的实施需要各方的积极参与和配合，以确保冰雪产业在国际市场上的竞争力和吸引力。

推动跨国合作协议的签署是吸引国际资本的重要手段。通过为国际投资者提供法律保障和政策支持，可以有效降低投资风险，增强投资信心。这种法律和政策的支持不仅是对投资者的保护，更是对冰雪产业发展的推动。跨国合作协议的签署需要各国政府和企业的共同努力，确保各方利益的平衡和实现。通过这种方式，冰雪产业可以在国际舞台上树立良好的形象，吸引更多的国际资本，进而推动产业的进一步发展。

国际展会和投资论坛是展示冰雪产业潜力和投资机会的绝佳平台。通过这些平台，冰雪产业可以向全球投资者展示其独特的优势和发展前景，吸引外资的进入。国际展会和投资论坛不仅为冰雪产业提供了展示的机会，也为国际投资者提供了了解和评估的渠道。通过这种双向互动，冰雪产业可以拓宽融资渠道，获得更多的资金支持，推动产业的创新和发展。这一策略需要精心策划和组织，以确保最大化地发挥其作用。

发展国际化的融资咨询服务是提升冰雪企业融资能力的重要举措。通过专业的咨询服务，冰雪企业可以更好地了解国际资本市场的动态和融资策略。这种服务不仅帮助企业识别潜在的融资机会，也为企业提供了应对市场变化的策略和建议。国际化的融资咨询服务需要具备专业的知识和丰富的经验，以确保能够为冰雪企业提供高质量的支持。通过这种方式，冰雪企业可以更好地融入国际市场，实现高质量的发展。

二、完善冰雪产业基础设施

（一）建设高质量冰雪运动场馆

在冰雪产业的快速发展中，高质量的冰雪运动场馆扮演着至关重要的角色。这些场馆不仅是冰雪运动爱好者展示技艺、交流经验的平台，更是推动冰雪运动普及、提升冰雪运动水平的关键设施。

在规划与设计阶段，冰雪运动场馆的选址至关重要。理想的位置应具备适宜的气候条件，确保在冬季有足够的天然冰雪资源可供利用，同时，便捷的交通网络也是必不可少的，以便游客和运动员能够快速抵达。此外，场馆的设计应充分考虑其功能性与安全性。例如，滑雪场的坡度、长度和宽度需根据专业标准进行合理规划，以满足不同级别滑雪者的需求；滑冰场的冰面质量要达到国际比赛标准，确保运动员的竞技表现不受影响。

在建造过程中，采用先进的建筑材料和技术至关重要。例如，使用环保节能的制冷系统，既能保证冰面的稳定质量，又能减少能源消耗和环境污染。同时，场馆的结构设计应充分考虑抗震、抗风等自然灾害因素，确保在极端天气条件下仍能安全运营。

运营维护方面，建立健全的管理制度是确保场馆长期稳定运行的关键。这包括日常的清洁保养、设施设备的定期检查与维修，以及紧急情况下的应急响应机制。此外，为了提升用户体验，场馆还应提供便捷的票务服务、专业的教练团队和完善的医疗救助体系。

（二）提升冰雪旅游配套设施

冰雪旅游作为冰雪产业的重要组成部分，其配套设施的完善程度直接关系到游客的满意度和冰雪旅游的整体形象。为了提升冰雪旅游的品质，必须在交通、住宿、餐饮、购物等多个方面下功夫。

交通方面，应构建便捷的交通网络，包括公路、铁路和航空等多种交通方式的无缝衔接。例如，在滑雪场周边建设高速公路出口，提供免费的接驳巴士服务，或者与航空公司合作推出冰雪旅游专机，方便游客快速抵达。

住宿方面，应鼓励发展多样化的住宿形式，如主题酒店、度假村、民宿等，满足不同游客的住宿需求。同时，提升住宿品质，提供温馨的居住环境、贴心的服务和丰富的娱乐设施，让游客在享受冰雪运动的同时，也能感受到家的温暖。

餐饮方面，应引入具有地方特色的餐饮品牌，提供多样化的餐饮选择。例如，在滑雪场周边开设特色餐厅，提供地道的当地美食，让游客在品尝美食的同时，也能了解当地的文化和风俗。

购物方面，应建设冰雪旅游商品购物中心和特色市场，提供具有冰雪特色的旅游纪念品和商品。例如，销售滑雪装备、冰雪艺术品、当地特产等，让游客在享受冰雪运动的同时，也能购买到心仪的商品作为纪念。

（三）建设智能化冰雪产业基础设施

随着科技的飞速发展，智能化已经成为冰雪产业基础设施建设的重要趋势。通过引入物联网、大数据、人工智能等先进技术，可以显著提升冰雪产业基础设施的运营效率和用户体验。

在物联网技术的应用方面，可以通过安装传感器、射频识别标签等设备，实时监测场馆内的温度、湿度、空气质量等参数，以及游客的运动状态和位置信息。这些数据可以用于优化场馆的环境控制，提高运动安全性，同时为游客提供更加个性化的服务。例如，根据游客的运动习惯和身体状况，推荐适合的冰雪运动项目和训练计划。

大数据技术的应用可以帮助分析游客的行为模式和消费习惯，为冰雪产业提供决策支持。例如，通过分析游客的购票记录、停留时间和消费情况，可以了解游客的偏好和需求，从而优化场馆的布局和服务内容。

人工智能技术的引入可以实现更加智能化的管理和运营。例如，通过智能机器人提供导游、讲解等服务，减轻人工负担；通过智能监控系统实现场馆的24小时安全监控和应急响应；通过智能分析系统预测场馆的客流量和运营状况，为场馆的调度和资源配置提供科学依据。此外，智能化技术的应用还可以推动冰雪产业的可持续发展。例如，通过智能控制系统实现节能降耗，减少能源消耗和环境污染；通过智能分析系统优化场馆的运营效率，提高资源利用率。这些措施有助于提升冰雪产业的竞争力和社会形象，为冰雪产业的长期发展奠定坚实的基础。

三、培养冰雪产业专业人才

（一）建设冰雪产业人才培养体系

首先，需要建立完善的冰雪产业职业教育体系。在职业教育中，设置与冰雪产业相关的专业课程，并创建实践基地，以培养具备实操能力的专业人才。通过理论与实践相结合的教学模式，学生不仅可以掌握基础理论知识，还能在实际操作中提高解决问题的能力，从而为冰雪产业的发展提供坚实的人才基础。

其次，开展冰雪产业的技能认证项目是提升从业人员专业素养的重要途径。通过系统的技能认证，能够有效提升从业人员的市场竞争力，并确保行业标准的落实。技能认证项目不仅能帮助从业者明确自身的职业发展路径，也能为企业选拔和培养人才提供科学依据，进而推动整个产业的专业化和标准化进程。

再次，与国际冰雪组织和高校的合作，是提升冰雪教育体系国际化水平的一项重要举措。通过引入先进的冰雪教育理念和课程，可以为国内冰雪产业的人才培养注入新的活力。国际合作能够实现资源共享和经验交流，帮助国内教育机构更新教学内容，提升教学质量，从而培养出具有国际视野和竞争力的冰雪产业人才。

又次，企业在冰雪人才培养中扮演着不可或缺的角色。鼓励企业参与人才培养，通过提供实习和培训项目，可以有效提升学员的就业能力和行业适应性。企业的参与不仅可以为学员提供真实的工作环境和实践机会，还能帮助企业发现和培养符合自身发展需求的人才，形成企业与教育机构的良性互动。

最后，建立冰雪行业人才信息平台，对于促进人才供需对接具有重要意义。通过信息平台，可以实现人才信息的精准匹配，为冰雪产业的发展提供人力资源的支持和保障。信息平台的建立，有助于打破信息壁垒，提高人才流动效率，确保冰雪产业在快速发展的过程中，能够获得充足的人才支持，推动行业的可持续发展。

（二）推动冰雪产业专业技术培训

建立系统化的冰雪产业技术培训课程尤为重要。这些课程不仅涵盖冰雪运动的基础知识，还包括技能培训及安全操作规范，旨在全面提升从业人员的专业素养。通过这样的系统化培训，从业人员能够更好地掌握冰雪运动的多方面知识，确保在实际操作中能够高效且安全地执行任务。此外，课程的系统化设计还可以为从业人员提供一个完整的学习路径，从基础到高级技能的逐步提升，使他们能够在职业发展中不断进步。

实战演练环节的引入是培训中不可或缺的一部分。通过模拟训练和现场指导，从业人员可以在真实场景中锻炼自己的实际操作能力。这种训练模式不仅能提高从业人员的技术水平，还能增强他们应对突发情况的反应能力。在模拟训练中，从业人员可以体验到各种可能遇到的复杂情况，从而在实际工作中更加从容自信。现场指导则提供了一个与资深教练直接交流的机会，使从业人员能够及时纠正操作中的错误，并掌握更高效的工作方法。这种理论与实践相结合的培训方式，能够有效提升从业人员的综合素质。

为了提升国内专业人才的国际视野和技术水平，与国际知名冰雪运动机构的合作显得尤为重要。通过开展技术交流与培训项目，国内从业人员可以接触到国际最新的技术和理念，拓宽他们的视野。这种国际合作不仅能提升个人的专业水平，还能为整个行业带来新的发展机遇。通过学习国际先进经验，国内冰雪产业可以在技术创新和管理模式上实现突破，推动整个行业的高质量发展。国际合作项目还可以为从业人员提供更多的职业发展机会，使他们在全球范围内拥有更强的竞争力。

线上教育平台的利用为冰雪产业技术培训提供了灵活的学习方式。从业人员可以在不同的地点和时间获取专业知识和技能培训，这种灵活性极大地方便了从业人员的学习。这种学习方式不仅打破了时间和空间的限制，还能根据从业人员的个人需求进行定制化学习。通过线上教育平台，从业人员可以自主安排学习进度，充分利用碎片化时间进行知识的积累和技能的提升。这种便捷的学习方式，能够吸引更多的人才加入冰雪产业，为行业注入新的活力。

定期组织行业研讨会和技术交流会是推动冰雪产业技术持续创新与发展的

重要手段。这些会议为从业人员提供了一个分享经验和学习的机会。在研讨会上，行业专家和从业人员可以就技术难题和发展趋势进行深入探讨，分享各自的经验和见解。这种交流不仅能激发创新灵感，还能促进技术的快速迭代和升级。通过这种开放的交流平台，从业人员能够不断更新自己的知识储备，紧跟行业发展的步伐，为冰雪产业的高质量发展贡献力量。

（三）鼓励跨界人才加入冰雪产业

通过建立跨界人才引进机制，吸引具有体育、文化、科技等领域背景的人才加入冰雪产业，有助于为行业注入新的活力和创新思维。这种多元化的人才结构，不仅能够提升冰雪产业的竞争力，还可以促进产业与其他领域的深度融合。例如，科技背景的人才可以通过技术创新提升冰雪运动装备的性能，而文化领域的人才则能通过创意设计丰富冰雪旅游的体验。

为了提升行业整体素质，冰雪产业与其他行业的联合培训项目尤为重要。通过这些项目，可以培养具备跨界技能的人才，使其在不同领域的知识和技能中找到平衡。这种培训不仅是技能的传授，更是思维方式的转变，鼓励从业人员在面对复杂问题时能够运用多学科的视角进行思考和解决。这种跨界培训模式的推广，将有助于构建一支更具适应性和创新力的冰雪产业人才队伍。

鼓励高校和职业院校开设冰雪产业相关的跨学科课程，是培养学生综合能力和创新思维的有效途径。这些课程可以涵盖管理、市场营销、工程技术等多个学科，通过理论与实践相结合的教学方式，帮助学生掌握冰雪产业所需的多方面知识。通过这种教育模式，学生不仅能够理解行业的现状与未来趋势，还能在毕业后迅速适应工作环境，成为推动冰雪产业发展的新生力量。

举办冰雪产业的创新大赛，可以激励跨界人才参与项目开发，推动新产品和服务的落地。这些大赛不仅为创新者提供了展示才华的平台，还能通过竞争机制激发参与者的创造力和创新热情。参赛者通过实际项目的开发，能够将理论知识转化为实践成果，为冰雪产业带来实质性的进步。同时，这些大赛也为企业和投资者提供了发掘优秀项目和人才的机会，进一步促进了产业的创新生态。

建立跨界人才交流平台，促进不同领域专家之间的合作与经验分享，是推动冰雪产业创新与发展的重要举措。通过这些平台，来自不同背景的专家可以就技术、市场、管理等多方面问题进行深入探讨，分享各自的经验和见解。这种多元化的交流，不仅能拓宽参与者的视野，还能通过知识的交叉碰撞产生新的灵感和创意，为冰雪产业的持续创新提供源源不断的动力。

第三章　冰雪产业链协同发展的深度剖析与实践

第一节　冰雪产业链协同发展的理论基础

一、冰雪产业链协同发展的基本概念

（一）冰雪产业链的基本概念与结构

冰雪产业链是指围绕冰雪运动及相关活动所形成的一系列经济活动和企业的集合，其结构复杂且具有高度的关联性。冰雪产业链涵盖了从冰雪运动设施的建设与维护，到冰雪运动装备的生产与销售，再到冰雪运动培训和赛事的组织等多个环节。这一产业链不仅是简单的经济活动的集合，更是一个具有高度系统化和专业化的产业生态系统。冰雪产业链的定义强调了其在促进区域经济发展、提升全民健康水平以及推动国际交流与合作等方面的重要性。

冰雪产业链的主要组成部分及其相互关系是理解其运作机制的关键。主要组成部分包括冰雪运动设施、装备制造、赛事运营、培训教育以及相关的旅游和服务业等。这些组成部分之间相互依赖、相互促进，形成一个复杂而有机的整体。设施建设为装备制造提供了基础，装备制造为赛事运营提供了支持，而赛事运营和培训教育则通过提升参与者的体验和技能，进一步推动旅游和服务业的发展，从而形成一个良性循环。

冰雪产业链的功能与作用分析揭示了其在经济和社会发展中的多重角色。首先，冰雪产业链通过创造就业机会和增加税收，直接促进了经济增长。其次，通过推动相关产业的发展，间接带动了区域经济的整体提升。最后，冰雪产业链还在提升国民健康水平、促进全民健身、丰富文化生活等方面发挥了积极作用。其作用不仅限于经济层面，还在于其对社会和文化的深远影响。

冰雪产业链的协同发展模式及其特点是推动产业持续发展的关键。协同发展模式强调各环节之间的紧密合作和资源的高效整合，以实现整体效益的最大化。这一模式的特点包括高度的专业化、灵活的组织结构以及创新驱动的发展

路径。通过协同发展，冰雪产业链能够更好地应对市场变化和挑战，实现可持续发展和长期竞争力的提升。

（二）冰雪产业链协同发展的驱动因素

第一，技术创新。通过引入先进的技术手段，不仅可以提升冰雪产业的生产效率，还能促进产品和服务的多样化，满足消费者不断变化的需求。此外，技术创新还能够推动冰雪产业链各环节之间的信息共享与资源优化配置，从而实现更高水平的协同效应。

第二，政策支持与引导。政府的政策导向能够为冰雪产业链的各个环节提供必要的支持和保障，确保产业链的健康发展。具体而言，政府可以通过制定和实施相关政策法规，营造良好的市场环境，鼓励企业之间的合作与创新。同时，政府还可以通过财政支持、税收优惠等措施，降低企业在冰雪产业链协同发展中的成本和风险，从而激发企业参与协同发展的积极性。

第三，市场需求变化。随着人们生活水平的提高和消费观念的转变，冰雪产品和服务的市场需求呈现出多样化和个性化的趋势。这种变化要求冰雪产业链的各个环节能够快速响应市场需求的变化，调整产品和服务的供给结构，以满足消费者的需求。市场需求的变化不仅是冰雪产业链协同发展的重要驱动因素，也是产业链各环节创新和转型的动力源泉。

第四，跨行业合作与资源整合。冰雪产业的特殊性决定了其与其他行业的密切联系，通过跨行业合作，可以实现资源的有效整合，提升产业链的整体竞争力。例如，冰雪产业可以与旅游、文化、体育等行业进行合作，开发出具有地域特色和文化内涵的冰雪产品和服务。此外，通过资源整合，可以降低冰雪产业链各环节的运营成本，提高资源利用效率，从而实现更高水平的协同效应。

（三）冰雪产业链协同发展的关键机制

通过有效的协同机制，冰雪产业链各个环节能够在资源配置、信息流通和生产流程上实现高度一致，从而提升整个产业链的效率和竞争力。冰雪产业由于其季节性和地域性特点，面临着特殊的协同挑战，因此需要在理论框架中强调机制的设计与实施。通过科学的机制设计，可以确保各个环节的有效衔接，使冰雪产业链能够在复杂的市场环境中保持稳定和可持续的发展。

第一，信息共享机制。信息共享机制的建立能够有效减少信息不对称，提高决策的准确性和效率。在冰雪产业中，各企业之间的信息壁垒往往导致资源浪费和机会错失。通过建立信息共享平台，产业链上的各个参与者可以及时获取市场动态、技术进展和消费者需求等关键信息，从而优化生产和营销策略。这不仅有助于降低运营成本，还能增强企业间的信任与合作，为产业链的整体协同发展提供有力支持。

第二，价值链整合与优化。价值链整合是指通过对产业链上各环节的资源和能力进行重新配置，实现更高效的生产和服务模式。在冰雪产业中，整合与优化不仅涉及生产制造环节，还包括市场营销、客户服务以及供应链管理等多个方面。通过价值链的整合，各企业可以实现资源共享、优势互补，从而提升整体竞争力和市场响应速度。这种整合不仅能提高产业链的整体效益，还能推动产业的创新和升级。

第三，利益相关者参与和决策机制。利益相关者包括政府、企业、消费者以及其他相关团体，他们的参与和决策直接影响产业链的运作和发展。通过建立有效的参与和决策机制，可以确保各方利益的平衡和协调，避免因利益冲突导致的协同障碍。在冰雪产业中，政府的政策支持、企业的战略合作以及消费者的需求反馈都是影响协同发展的重要因素。通过合理的机制设计，可以实现各方的有效沟通和合作，推动产业链的健康发展。

第四，创新激励机制。创新是产业发展的不竭动力，而激励机制则是创新得以持续的保障。在冰雪产业链中，通过设计合理的创新激励机制，可以激发企业和个人的创新活力，促进新技术、新产品和新服务的开发。激励机制应当考虑到不同环节和主体的实际需求，提供多样化的激励手段，如财务奖励、政策支持、市场准入等。这将有助于形成良好的创新生态，推动冰雪产业链的持续协同和发展。

二、冰雪产业链协同发展的主要原则

（一）资源整合与集成创新

通过有效整合各类资源，能够提升产业链的整体效率和竞争力。这种整合不仅涉及物质资源的重新配置，还包括信息、技术和人力资源的优化组合。通过资源的整合，冰雪产业链能够在供应链的各个环节实现无缝对接，从而减少资源浪费，提升生产效率。此外，集成创新作为资源整合的延伸，能够通过不同领域的技术融合，催生出新的产品和服务，满足市场不断变化的需求。这种创新不仅推动了冰雪产业的升级和转型，还增强了其在国际市场的竞争力。

在全球化经济背景下，冰雪产业链的资源整合显得尤为必要。通过整合不同的资源，产业链各环节可以实现协调发展，形成更具竞争力的整体。资源整合不仅能优化资源配置，还能通过规模效应降低成本，提高效率。特别是在冰雪产业这样一个多元化的产业中，不同资源的整合能够促进各个环节的协同效应，确保从原材料供应到产品销售的每一个环节都能高效运作。资源整合的成功与否直接影响到冰雪产业链的市场表现和发展潜力，因此，必须高度重视其在协同发展中的作用。

集成创新在冰雪产业链的协同发展中起到关键的驱动作用。通过集成创新，不仅能够加速新技术和新产品的开发，还能推动产业的持续升级和转型。集成创新强调跨领域的合作与融合，通过不同技术的集成，能够催生出具有突破性的产品和服务。这种创新模式不仅能满足消费者日益多样化的需求，还能为企业带来新的增长点。在冰雪产业中，集成创新的驱动作用表现为加速技术进步，提升产品质量和服务水平，从而在激烈的市场竞争中占据优势地位。

跨行业的资源共享是冰雪产业链协同发展的重要策略之一。通过跨行业的资源共享与合作，能够形成合力，推动产业链各环节的协同发展。这种共享机制不仅能够降低各环节的运营成本，还能通过资源的优化配置提升整体效益。在冰雪产业中，跨行业的资源共享可以体现在技术、市场、人才等多个方面，通过与其他行业的合作，能够获取更多的创新资源和市场机会，从而促进整个产业链的稳步发展和创新能力的提升。

（二）利益共享与风险分担

冰雪产业链的协同发展中，利益共享与风险分担是确保各参与方积极合作的关键原则。建立一个有效的利益共享机制至关重要，它能够保障产业链中各方在合作过程中获得合理的经济回报。这种机制不仅能激励各方积极参与，还能增强其对协同发展的投入热情。通过合理的利益分配，各方能够在合作中实现共赢，进而推动整个产业链的可持续发展。

在冰雪产业链的协同发展中，制定风险分担协议同样不可或缺。这些协议需要明确各方在项目实施过程中可能面临的风险以及相应的分担方式。通过这种方式，各方能够在合作中形成共同承担风险的意识，减少因风险而产生的纠纷和不确定性。这种风险分担的机制有助于在项目推进过程中保持各方的合作信心，确保项目的顺利实施和完成。

为了进一步促进利益共享与风险分担，定期的沟通与协调会议是必不可少的。这些会议能够增进各方对彼此利益和风险的理解与认同，提升合作的透明度与信任度。通过开放的沟通渠道，各方能够及时解决可能出现的问题，调整合作策略，从而增强协同发展的效果。这种透明的沟通机制在合作中扮演着桥梁的角色，连接各方的利益与责任。

引入第三方评估机构是确保利益共享与风险分担科学合理的有效措施。第三方评估机构能够对合作项目的收益与风险进行客观评估，提供科学的依据。这不仅能够帮助各方更好地了解合作的实际情况，还能为利益分配和风险分担提供客观的参考。这种外部评估机制能够增强各方对合作的信心，促进冰雪产业链的健康发展。

（三）信息交流与协同决策

建立高效的信息交流平台是实现各参与方之间信息透明与实时共享的关键。这不仅能够提高决策的准确性和效率，还能为产业链的各个环节提供及时的市场反馈。通过信息的无缝流动，参与方能够及时了解市场变化和消费者需求的动态，从而在决策过程中做到有的放矢。此外，信息交流平台的建设也有助于减少信息不对称带来的风险，提高整个产业链的反应速度和适应能力。

在现代冰雪产业链中，数据分析工具的应用已成为支持协同决策的重要手段。通过实时监测市场动态与消费者需求变化，数据分析工具为产业链的各个环节提供了科学的决策依据。具体而言，这些工具能够通过分析海量数据，揭示出潜在的市场趋势和消费者偏好，为企业制定战略决策提供支持。数据分析不仅提高了决策的科学性，还使产业链能够更加迅速地响应市场变化，抓住新的发展机遇。此类技术的应用，正在不断推动冰雪产业链的智能化和现代化进程。

推动定期的跨部门协作会议是促进各方在项目实施过程中意见交流与协调的有效方式。这种会议机制能够增强决策过程的参与感与共识，使各方在协同发展中形成合力。通过跨部门的协作，各参与方能够更好地理解彼此的需求和限制，从而在项目推进中减少摩擦和误解。定期会议不仅有助于提高项目实施的效率，还能通过各方的积极参与，增强决策的合理性和可行性。这样的协作机制，是冰雪产业链实现协同发展的重要保障。

引入智能化决策支持系统，是提升产业链协同决策智能化水平的关键举措。通过算法优化与模拟分析，这些系统能够为产业链的各个环节提供优化的决策方案。智能化系统的优势在于其能够处理复杂的决策变量，进行多场景模拟，从而为应对市场变化提供灵活的解决方案。这不仅提升了决策的效率，也增强了产业链在面对不确定性时的适应能力。智能化决策支持系统的应用，标志着冰雪产业链在协同决策领域迈向了一个新的高度。

三、冰雪产业链协同发展的战略价值

（一）构建区域经济增长新动力

发展冰雪产业能够吸引大量的投资和高素质人才，进而增强区域的经济活力，形成新的经济增长点。冰雪产业的兴起吸引了众多投资者的目光，各类基础设施建设项目如滑雪场、冰雪乐园等纷纷上马，为区域经济注入了新鲜血液。此外，冰雪产业的独特魅力和发展潜力也吸引了大批专业人才的涌入，这些人才的加入为区域经济的发展提供了智力支持和创新动力，推动了区域经济的转型和升级。

冰雪产业的兴起带动了相关产业的发展，如装备制造、食品加工等，从而形成良性循环，提升区域整体经济水平。随着冰雪运动的普及，对专业装备的需求日益增长，这为装备制造业提供了广阔的市场空间。同时，冰雪旅游的兴盛也带动了地方特色食品和饮品的加工与销售，进一步促进了食品加工业的发展。这种产业链的协同效应，不仅提升了区域整体经济水平，也为区域经济的可持续发展提供了有力支撑。

冰雪产业的推广与发展，可以提升区域品牌形象，增强竞争力，吸引更多游客和企业的关注与参与。冰雪产业以其独特的地域特征和文化内涵，为区域塑造了鲜明的品牌形象，吸引了广泛的社会关注。随着冰雪运动的普及，越来越多的游客被吸引到这些地区，带动了旅游业的蓬勃发展。此外，企业也看中了冰雪产业的巨大潜力，纷纷加入产业链中，共同推动区域经济的发展。

冰雪产业链的协同发展有助于提升区域基础设施建设水平，改善交通、住宿等服务设施，进一步推动经济增长。为满足日益增长的游客需求和赛事活动的需要，区域内的交通、住宿等基础设施得到了显著提升。这不仅为冰雪产业的发展提供了保障，也为区域经济的长远发展奠定了坚实的基础。随着基础设施的完善，区域的吸引力和竞争力进一步增强，为经济的持续增长提供了新的动力。

(二) 助力实现绿色低碳发展

推动冰雪产业链企业采用绿色技术和清洁生产工艺，不仅能够减少资源消耗和环境污染，还能显著提升产业的可持续性。通过引入先进的绿色生产技术，企业可以在生产过程中有效降低能源消耗和废物排放，实现资源的高效利用和环境的保护。同时，清洁生产工艺的实施能够降低生产成本，提高产品的市场竞争力，从而促进整个冰雪产业链的绿色转型。

鼓励冰雪产业相关企业实施碳排放管理和监测，是实现低碳经济发展的关键措施。企业需要建立完善的碳排放监测体系，实时跟踪和记录生产过程中的碳排放情况，制定科学合理的减排目标。通过采用先进的减排技术和管理方法，企业可以在保证生产效率的同时，逐步降低碳排放强度，推动整个行业朝低碳化方向发展。这不仅符合全球气候变化应对的趋势，也为企业的长远发展奠定了坚实的基础。

发展生态友好的冰雪旅游项目，将自然保护与旅游体验相结合，实现经济效益与生态效益的双赢，是冰雪产业链绿色发展的另一重要路径。通过合理规划和开发冰雪旅游资源，企业可以在保护生态环境的前提下，提供高质量的旅游服务，吸引更多游客。在此过程中，注重生态环境的保护和资源的可持续利用，不仅能够提升旅游项目的吸引力，还能为地方经济发展带来新的增长点。

倡导冰雪产业链上下游企业之间的绿色合作，通过资源共享与绿色供应链管理，实现整体环保目标，是推动产业链绿色发展的重要策略。上下游企业之间的紧密合作，可以有效整合资源、优化流程，减少重复建设和资源浪费。同时，通过建立绿色供应链，企业可以在原材料采购、生产、运输等环节中，全面推行绿色标准，实现整个产业链的环保目标。这种协同合作模式，不仅提升了产业链的整体竞争力，也为绿色经济的发展提供了有力支持。

建立冰雪产业链的环境评估机制，定期对项目和活动的环境影响进行评估，是确保可持续发展政策有效实施的重要保障。通过科学的环境评估，企业可以及时发现并解决生产和经营活动中存在的环境问题，确保各项环保措施的落实。同时，环境评估机制的建立，也为政府和行业监管部门提供了重要的决策依据，有助于推动冰雪产业链的绿色、健康发展。

(三) 推动社会就业与民生改善

通过创造大量就业机会，冰雪产业涵盖了从滑雪教练、旅游导游到酒店服务等多个岗位。这些岗位的多样性和广泛性为当地劳动力市场注入了活力，尤其是在冬季旅游旺季，更是显著地提升了就业率。冰雪产业的兴起为许多偏远地区提供了新的就业机会，帮助这些地区的居民实现就业，改善生活条件，同时也为年轻人提供了更多的职业选择和发展空间。

冰雪赛事和活动的举办是吸引游客和媒体关注的重要途径，进而推动相关行业的就业增长。这些活动不仅带来了直接的经济收益，还间接拉动了餐饮、交通、住宿等相关行业的服务需求。随着游客数量的增加，这些行业的就业岗位也随之增加，整体服务水平得到了提升。冰雪活动的成功举办还需要大量的志愿者和临时工，这不仅为当地居民提供了短期的就业机会，也为他们积累了宝贵的工作经验，提升了职业素养。

冰雪产业的发展对地方经济的繁荣具有显著的推动作用。随着冰雪产业的不断壮大，周边商户的经营也得到了带动，增强了社区的经济活力。冰雪旅游带来的巨大人流量为地方商户带来了可观的收益，进一步促进了地方经济的发展。居民的生活水平随着经济的繁荣而提高，社区的基础设施也得到了改善。这种经济上的良性循环为地方政府和居民带来了实实在在的利益，提升了居民的生活质量和幸福感。

促进社会参与和志愿服务是冰雪产业的一大贡献。通过冰雪活动的组织与管理，社区居民的参与度得到了提升，增强了社区的凝聚力。志愿服务不仅为活动的顺利进行提供了保障，也为志愿者提供了一个展示自我、服务社会的平台。这种积极的社会参与不仅提高了居民的幸福感和生活质量，也促进了社会的和谐与稳定。冰雪活动成为社区文化的一部分，丰富了居民的文化生活，提升了整体的社会文明水平。

第二节　冰雪产业链关键环节协同机制构建

一、上游原材料与装备制造协同

（一）原材料供应链的整合与优化

在冰雪产业链中，原材料供应链的整合与优化是提升整体效能的关键。通过整合资源与优化流程，企业能够更有效地应对市场变化，提升竞争力。供应链透明化管理是实现整合与优化的基础。通过信息技术的应用，各环节的信息共享和沟通效率得以提高，确保企业能够及时响应市场需求变化。这种透明化管理不仅提高了供应链的灵活性，还增强了各方的合作信任。为了进一步优化供应链，原材料采购流程的改进也是必要的。集中采购和战略供应商管理可以有效降低采购成本，同时提高供应链的稳定性。这种方法不仅可以确保原材料的稳定供应，还能为企业节省大量的运营成本。

推动原材料的可持续采购是冰雪产业链发展的重要方向。选择环保和再生材料不仅是企业社会责任的体现，也增强了产业链的环境友好性。在全球环境问题日益严重的背景下，采用可持续采购策略不仅符合国际趋势，也能提升企业的社会形象和市场竞争力。为了确保供应链的高效运作，建立原材料供应商评估体系至关重要。定期对供应商的质量、交货能力和服务水平进行评估，有助于提升供应链的整体绩效。这种评估体系不仅能帮助企业选择更优质的供应商，还能促进供应商不断提升自身的服务质量。

（二）装备制造技术的创新与协作

在全球化竞争日益激烈的背景下，装备制造企业需要不断创新，以提升产品的竞争力和市场份额。装备制造技术的智能化升级是当前行业发展的重点方向。通过引入物联网和人工智能技术，企业能够实现生产过程的自动化和智能化，从而提高生产效率和产品质量。这种技术革新不仅能够降低生产成本，还可以缩短产品的研发周期，满足市场对高品质装备的需求。

推动装备制造企业与科研机构的深度合作，对于新材料和新技术的研发与应用具有重要意义。企业可以通过与高校和科研院所的合作，获取前沿技术和创新思路，从而加速技术成果的转化和应用。科研机构则可以借助企业的市场反馈和实践经验，优化研究方向和技术路线。这种双向互动的协作模式，不仅有助于提升企业的技术水平和创新能力，还能推动整个行业的技术进步和产业升级。

在装备制造过程中，强化环保意识是企业可持续发展的重要举措。采用绿色技术和可再生材料，不仅可以减少生产对环境的影响，还能降低资源消耗和生产成本。企业应积极探索环保型制造工艺和技术，推动生产过程的绿色转型。同时，加强环保意识的宣传和教育，提高员工的环保责任感，也是实现绿色生产的重要环节。通过环保技术的应用和推广，企业可以在满足环保法规要求的同时，打造绿色品牌形象，增强市场竞争力。

鼓励装备制造企业参与国际合作与交流，是提升自身研发能力与市场竞争力的重要途径。通过参与国际展会、技术论坛和合作项目，企业可以学习先进的技术和管理经验，了解国际市场的发展趋势和需求变化。这不仅有助于企业开拓国际市场，还能提升其在全球产业链中的地位和影响力。国际合作还可以为企业带来更多的创新资源和合作机会，推动技术进步和产业发展。企业应积极融入国际合作网络，打造具有国际竞争力的品牌和产品。

（三）上下游企业间的信息共享与合作

上下游企业之间的信息共享不仅能够提升供应链的响应速度和灵活性，还能有效地降低运营成本。为实现这一目标，建立一个数字化信息平台是关键。这个平台应具备实时数据共享的功能，使上下游企业能够及时获取市场动态和生产信息，从而快速调整生产计划和供应策略。此外，数字化信息平台的建设还需要考虑到数据的安全性和可靠性，以确保信息在传递过程中不被篡改或泄露。

为了进一步增强上下游企业之间的沟通与合作，定期的合作会议和交流活动显得尤为重要。这些活动不仅可以促进企业之间的信息透明化，还能帮助建立信任关系。通过面对面的交流，企业可以更好地理解彼此的需求和挑战，从而在合作中找到更多的契合点。同时，这种直接的沟通方式也有助于快速解决合作过程中出现的问题，提高整体协同效率。信任的建立是长期合作的基石，而信息透明化则是实现这一目标的有效途径。

在信息共享的过程中，区块链技术的应用可以提供额外的保障。区块链技术以其去中心化和不可篡改的特点，能够有效地提高信息共享的安全性。通过区块链技术，上下游企业可以确保信息在传递过程中不被篡改，从而提高对数据的信任度。这种技术不仅能够增加企业之间的合作意愿，还能为整个产业链的协同发展提供更坚实的基础。信息的安全性是企业合作的重要考量，区块链技术的应用无疑是解决这一问题的有效手段。

鼓励上下游企业共同开展市场调研与需求预测是实现信息共享与合作的重要举措。通过联合的市场调研，企业可以更全面地了解市场需求的变化，从而更好地协调生产与供应。需求预测的准确性直接影响到企业的生产计划和库存管理，进而影响到整个供应链的效率。通过合作进行市场调研和需求预测，企业可以减少资源浪费与库存压力，实现更高效的资源配置和生产组织。这不仅有助于提升企业的市场竞争力，也能为冰雪产业链的整体发展提供有力支持。

二、中游服务环节协同

（一）旅游与休闲服务的协同发展

旅游与休闲服务的协同不仅能提升整体产业链的效率，还能促进各个服务环节之间的资源共享和优势互补。通过整合旅游与休闲服务资源，冰雪产业能够更好地满足消费者对多样化体验的需求，增强市场竞争力。旅游与休闲服务的协同发展需要各方的共同努力，以实现资源的最优配置和服务的最大化效能。

在旅游与休闲服务的多元化产品开发方面，冰雪产业需着眼于不同消费者的需求，以吸引更广泛的目标市场。多元化产品开发不仅包括传统的滑雪和冰上运动，还应涵盖文化体验、健康养生、家庭娱乐等方面。通过丰富产品线，冰雪产业能够吸引不同年龄层次和兴趣爱好的消费者，从而扩大市场份额。此外，多元化产品开发还需考虑季节性因素，确保产品的持续吸引力和市场竞争力。

建立旅游与休闲服务的协同营销机制是提升品牌知名度和市场影响力的关键。通过联合推广，冰雪产业链中的各个参与者可以共享市场资源，降低营销成本，增强品牌的市场认知度。协同营销机制的构建需要各方在市场调研、品牌定位、营销策略等方面达成共识，以实现协同效应的最大化。此外，协同营销还应注重创新，利用新媒体和数字化手段，拓展营销渠道和提升营销效果。

提升冰雪旅游目的地的基础设施是改善游客整体体验的重要举措。优质的基础设施能够增强游客的舒适度和满意度，从而提高重游率和口碑传播。基础设施的提升包括交通、住宿和娱乐设施的改善，以确保游客在旅行中的便利性和愉悦感。此外，基础设施的建设还需考虑可持续发展原则，确保旅游目的地的生态平衡和资源的合理利用。

推动旅游与休闲服务的数字化转型是提升服务效率与客户满意度的有效途径。通过利用在线平台和移动应用，冰雪产业可以实现服务的标准化和流程化，提高服务响应速度和客户满意度。数字化转型还能够提供个性化服务和精准营销，满足消费者的个性化需求。此外，数字化手段还可以用于收集和分析消费者数据，为产品开发和市场决策提供科学依据。

强化旅游与休闲服务的安全管理体系是确保游客在冰雪活动中安全与健康的基本保障。安全管理体系的建立需要从制度、技术、人员等多方面入手，以全面提升安全管理水平。制度方面，应制定完善的安全管理制度和应急预案，确保突发事件的快速响应和处理。技术方面，应采用先进的安全监测和预警设备，提高安全管理的科技含量。人员方面，应加强安全培训，提高从业人员的安全意识和应急处置能力。通过多措并举，确保旅游与休闲服务的安全性和可靠性。

（二）赛事组织与运营的高效协同

赛事组织的标准化流程是确保各类赛事顺利进行与高效管理的基石。通过建立一套科学的标准化流程，各类赛事的准备、执行与收尾工作都能够在有序的框架下进行，减少了不确定性带来的风险。这不仅有助于提升赛事的专业性和公信力，还能为参与者提供一致的优质体验，从而吸引更多的观众和参与者，进一步推动冰雪产业的发展。

赛事运营中的资源整合是优化赛事管理的关键。通过合理配置人力、物力及财力资源，赛事运营能够在有限的条件下实现最大化的效率和效果。对于人力资源的优化配置，意味着需要一支专业化的团队来负责赛事的各个环节，从前期策划到后期总结，每一个步骤都需要精细化的管理。物力资源的整合则要求赛事组织者能够有效利用现有的场地、设备和技术支持，以降低运营成本。财力资源的合理配置不仅是赛事成功的保障，更是提升赛事品牌影响力的基础。

智能技术的应用为赛事管理带来了新的变革。通过实时数据监控与分析，赛事管理者能够在第一时间掌握赛事的动态信息，提升赛事的响应能力。智能技术的引入不仅可以提高赛事的安全性和观赏性，还能通过数据分析为未来赛事的改进提供科学依据。这种技术驱动的管理方式，使赛事的组织和运营更加高效和精准，为冰雪产业的可持续发展奠定了坚实的基础。

建立赛事参与者的反馈机制是提高赛事体验的有效途径。通过及时收集和分析参与者的意见，赛事组织者能够迅速调整和优化赛事的各个环节，以满足不同参与者的需求。这样的反馈机制不仅提高了赛事的满意度和参与度，也为未来赛事的改进提供了重要的参考依据。通过不断地反馈和改进，赛事组织者能够形成良性循环，持续提升赛事的质量和影响力。

赛事与地方经济的结合是冰雪产业实现区域经济活力提升的重要策略。通过赛事活动，可以有效带动周边商业的发展，增加就业机会和消费需求，从而提升区域经济的整体活力。赛事期间，大量的观众和参与者涌入，为当地的餐饮、住宿、交通等行业带来直接的经济效益。同时，赛事的成功举办也提升了地方的知名度和吸引力，为后续的旅游和商业发展奠定了基础。通过这种赛事与地方经济的深度结合，冰雪产业能够实现更广泛的社会和经济价值。

（三）冰雪运动培训与教育的资源整合

在冰雪运动培训与教育的资源整合过程中，建立标准化的课程体系显得尤为重要。通过设立统一的课程标准，可以确保培训内容的系统性和专业性，从而提升整体培训效果。这不仅有助于从业人员在理论知识和实践技能上取得均衡发展，也为行业的长远健康发展奠定了基础。标准化课程体系的构建需要结合国内外先进的教育理念和培训方法，以便在全球化的背景下，提升国内冰雪运动培训的竞争力和影响力。

促进高校与冰雪产业企业的合作也是资源整合的重要方面。通过开展实习与实训项目，高校可以为学生提供更多实践机会，增强其实践能力和就业竞争力。这种合作模式不仅有助于学生在真实的工作环境中锻炼技能，还能为企业输送高素质的人才，形成教育与产业的良性互动。此外，企业与高校的深入合作还可以推动冰雪产业相关研究的开展，为产业创新提供智力支持和技术储备。

在数字化时代，开发线上培训平台成为冰雪运动培训与教育资源整合的一个新方向。利用数字技术，可以为从业人员提供灵活的学习方式，打破时间和空间的限制，使各类人群都能方便地参与冰雪运动的培训与教育。线上平台不仅可以提供丰富的课程资源，还能通过互动式学习和在线评估，提升从业人员的学习效果。数字技术的应用为冰雪运动培训的普及和推广提供了新的可能性，也为冰雪产业的可持续发展注入了新的动能。

整合社会资源，组织冰雪运动的志愿者培训，可以有效提升社区的参与度和活动的组织能力。通过志愿者培训，不仅可以培养一批热心公益、具备专业技能的志愿者队伍，还能促进冰雪文化在社区的传播和普及。志愿者在冰雪运动中的积极参与，不仅为冰雪运动的顺利开展提供了人力支持，也为社区居民提供了更多接触和了解冰雪文化的机会，从而增强社区的凝聚力和文化氛围。

引入国际先进的培训理念与方法，是提升国内冰雪运动培训专业水平的重要途径。通过借鉴国际经验，可以帮助国内培训机构在课程设计、教学方法和评估体系上进行创新和优化，推动行业整体素质的提升。国际化的视野和标准有助于国内冰雪运动培训与国际接轨，提升其在国际市场的竞争力和影响力。这不仅有助于培养具有国际视野的冰雪运动人才，也为冰雪产业的全球化发展提供了坚实的人才基础。

三、下游消费市场拓展与反馈机制

（一）多元化营销策略与品牌建设

制定针对不同消费群体的个性化营销策略，是吸引家庭、年轻人和老年人等多样化客户群体的关键。通过细分市场，企业能够更精准地定位目标客户，推出符合其需求和偏好的产品和服务。这不仅有助于提高市场份额，还能增强客户的品牌忠诚度和满意度。此外，个性化营销策略还可以通过分析客户的消费行为和偏好，提供定制化的产品建议和服务，进一步提升客户体验。

利用社交媒体和数字营销平台是提升品牌知名度和市场渗透率的重要手段。在数字化时代，社交媒体为企业提供了一个与消费者直接互动的平台。通过发布高质量的内容、开展有趣的互动活动，企业可以在潜移默化中影响消费者的购买决策。同时，数字营销平台的数据分析功能，可以帮助企业更好地了解市场趋势和消费者需求，及时调整营销策略。此外，通过社交媒体的病毒式传播，企业能够迅速扩大品牌影响力，吸引更多潜在客户。

开展联名活动，与知名品牌或明星合作，是提升冰雪产业品牌影响力和市场认同感的有效方式。通过与其他领域的知名品牌合作，冰雪产业可以借助其品牌效应，迅速提升自身的市场地位。此外，与明星合作可以利用其广泛的社会影响力，吸引更多的关注和参与。这种合作不仅可以带来直接的经济效益，还能通过品牌形象的提升，增强消费者的情感认同和品牌忠诚度。

通过举办冰雪相关的赛事和活动，企业可以增强品牌的现场体验感，吸引潜在消费者参与和关注。赛事和活动为消费者提供了一个亲身体验产品和服务的机会，通过参与活动，消费者可以更直观地感受到品牌的魅力和价值。这种体验式营销不仅能够增强消费者的购买欲望，还能通过口碑传播，吸引更多的潜在客户。此外，企业可以通过活动现场的互动环节，收集消费者的实时反馈，进一步优化产品和服务。

（二）消费需求监测与产品创新

建立消费需求监测系统，通过大数据分析实时跟踪市场变化。该系统能够有效捕捉消费者偏好与趋势，为产品开发与改进提供科学依据。通过对大量数据的分析，企业可以识别出市场需求的变化趋势，从而在产品设计和营销策略上做出及时调整。这一过程不仅提升了企业的市场反应速度，也提高了产品的市场适应性。

实施消费者满意度调查是一个重要环节。通过系统收集消费者的反馈信息，企业能够识别产品和服务的不足之处，推动针对性的改进和创新。满意度调查不仅关注消费者对现有产品的评价，还深入挖掘消费者的潜在需求。这种双向反馈机制为企业提供了全面了解消费者需求的机会，从而在产品创新过程中更具针对性和实效性。

消费者行为研究是制定精准产品定位与市场策略的基础。分析不同群体的消费习惯与心理，有助于企业在市场竞争中占据有利位置。通过细分市场，企业能够针对不同消费群体制定差异化的产品策略，满足各类消费者的独特需求。例如，针对年轻消费者的创新产品可能更注重时尚和科技元素，而为家庭用户设计的产品则可能更强调安全性和舒适性。

推动跨行业合作是满足消费者多元需求的有效途径。结合冰雪产业与其他相关领域（如健康、科技等）的创新，企业能够开发出多样化的产品。这种合作不仅拓宽了产品的应用场景，还提升了产品的附加值和市场竞争力。通过与科技行业的合作，冰雪产品可以融入更多智能化元素，而与健康行业的结合则能够开发出更多符合健康生活理念的产品。

（三）用户体验优化与客户关系管理

通过建立个性化客户档案，可以深入分析客户的历史消费行为和偏好，从而提供定制化的产品和服务。这种个性化的服务不仅提高了客户的满意度，还增强了客户的忠诚度。客户档案的建立需要运用先进的数据分析技术，确保信息的准确性和及时性。通过对客户数据的深度挖掘，企业可以更好地理解客户需求，制定更有针对性的市场策略，以此提升客户体验。

全渠道客户服务的实施是提升客户整体满意度的重要手段。通过整合线上线下的服务平台，企业能够确保客户在不同的接触点获得一致的服务体验。这种全渠道的服务模式要求企业在技术和管理上进行创新，以实现各渠道间的无缝对接。通过优化服务流程和提升服务质量，企业可以有效提升客户的满意度和忠诚度。在全渠道服务的背景下，企业还需关注客户的个性化需求，提供灵活多样的服务选项，以满足不同客户的期望。

客户反馈机制的有效利用是持续改进产品和服务的基础。定期收集和分析客户的意见与建议，能够帮助企业识别产品和服务中的不足之处，并进行及时的调整和改进。这一机制不仅提高了产品和服务的质量，还增强了客户的参与感和归属感。通过建立有效的反馈渠道，企业可以与客户保持良好的沟通，及时响应客户的需求和期望，从而增强客户的信任和忠诚度。这种双向的沟通机制是企业提升市场竞争力的重要保障。

数据分析工具的运用在用户体验优化中发挥着重要作用。通过实时监测客户的使用体验，企业可以及时识别和解决潜在问题。这种数据驱动的管理方式能够帮助企业在激烈的市场竞争中保持领先地位。通过对数据的深入分析，企业可以优化产品设计和服务流程，提高客户的忠诚度和复购率。数据分析不仅是企业决策的重要依据，也是提升客户体验的关键手段。企业需要不断提升数据分析能力，以适应快速变化的市场环境。

第三节　冰雪产业链跨区域协同实践

一、跨区域冰雪产业合作平台搭建

（一）协同创新网络构建

构建跨区域协同创新网络，旨在促进不同地区冰雪产业链参与者之间的信息交流与资源共享。这一网络的建立，不仅能够打破地域限制，还能有效整合各区域的优势资源，形成合力推动产业发展。通过搭建线上平台，各区域的研发资源与技术优势得以整合，极大地提升了冰雪产业的创新能力与市场竞争力。线上平台的作用不仅限于信息的传递，更在于为各参与者提供了一个开放的合作环境，使创新资源可以在更大范围内流动与共享。

为了确保协同创新网络的有效运作，必须引入多方利益相关者，包括政府、企业、高校及科研机构，共同参与协同创新项目。各方的参与能够带来不同的视角和资源，形成合力推动产业发展。政府可以通过政策引导和资金支持，为协同创新提供必要的环境和条件；企业则可以通过市场需求和技术创新，推动产业的实际应用；高校和科研机构则通过基础研究和技术开发，提供理论支持和技术储备。多方协作的模式，不仅能在短期内提升冰雪产业的创新能力，还能够为长期的可持续发展奠定基础。

定期组织跨区域的创新论坛与研讨会，是促进各区域间互动与合作的重要手段。通过论坛和研讨会，参与者可以分享成功经验与最佳实践，了解最新的行业动态和技术趋势。这种面对面的交流，不仅能够加深各方的理解和信任，还能够为未来的合作奠定基础。通过这种方式，各区域的冰雪产业链参与者能够在更高层次上进行互动，推动产业的协同发展。

为了确保协同创新网络的持续有效运作，建立评估机制是必要的。定期对协同创新网络的运行效果进行评估与优化，能够及时发现问题并进行调整，确保网络的活力与创新能力。评估机制的建立，不仅能够为当前的协同创新提供反馈，还能够为未来的发展提供指导。通过不断的评估与优化，协同创新网络能够保持动态的适应性，持续推动冰雪产业的创新与发展。

（二）标准化合作协议制定

在冰雪产业链的跨区域协同发展中，标准化合作协议的制定是确保各参与方在合作中实现权责明晰和利益保障的关键步骤。标准化协议不仅为合作提供了法律框架，还能有效减少因模糊条款引发的争议。制定标准化协议模板需要综合考虑各方的需求与目标，确保协议内容涵盖技术研发、市场推广和资源共享等多个方面。通过明确的条款，参与各方能够在合作初期就达成一致，避免在后续合作中因理解偏差而产生不必要的摩擦，从而提高合作效率和成果的稳定性。

标准化合作协议的适用范围和目标是协议制定中的核心内容。明确的适用范围可以避免合作中的职责不清，而具体的目标则为合作指明了方向。技术研发方面的合作协议应详细规定各方的投入与分工，以保证项目的顺利推进。市场推广的合作则需要各方协调资源，制定共同的市场策略，确保产品和服务能够在更广泛的区域内得到推广。资源共享方面，协议应明确各方的资源投入和收益分配机制，保障合作的公平性和可持续性。

为了确保合作协议的有效执行，建立评估机制是必要的。定期对协议的执行情况进行审查和反馈，可以帮助各方及时发现问题并作出调整。评估机制应包括对协议执行进度、目标达成情况以及合作中出现的问题进行全面分析。通过反馈机制，各方能够在合作过程中保持信息的透明和畅通，从而在必要时对合作策略进行优化调整。这样的动态管理方式不仅有助于提升合作的质量，还能增强各方的信任和合作意愿。

在跨区域合作中，知识产权保护条款的纳入至关重要。各方在合作过程中可能会产生新的创新成果，协议中应明确规定这些成果的归属及使用权。通过知识产权保护条款，参与方的合法权益能够得到有效维护，鼓励各方在合作中积极创新。这样的条款设计不仅能促进技术进步，还能为合作的长远发展奠定坚实的基础。知识产权保护的有效实施，也为未来的合作提供了良好的示范效应。

（三）区域品牌共建与推广

区域品牌共建机制的建立，旨在通过整合各参与方的资源与优势，实现品牌形象的提升与市场影响力的扩大。各区域在共建过程中，应充分发挥各自的独特资源与优势，形成合力，打造具有鲜明特色的冰雪产业品牌。这一机制不仅能提升品牌的知名度，还能促进区域间的经济合作与文化交流，为冰雪产业的可持续发展注入新的活力。

为了确保区域品牌推广的有效性，各参与方需制定统一的品牌推广策略。统一的策略能够确保各区域在宣传冰雪产业时保持一致性，从而增强品牌的认知度与认同感。在推广过程中，要注重品牌的核心价值与文化内涵，通过一致的视觉与信息传达，形成强烈的品牌印象。此外，各区域还需建立良好的沟通与协调机制，确保推广活动的顺利实施与效果的最大化。这种统一而协调的推广策略，能够有效提升冰雪产业的整体形象与市场竞争力。

随着数字化时代的到来，利用数字营销平台进行区域品牌的推广已成为不可或缺的一部分。通过社交媒体与在线活动，区域品牌能够更广泛地接触潜在用户，提升品牌的可见性与用户参与度。在这一过程中，创新的数字营销手段与互动形式是吸引用户的重要因素。各区域应积极探索新的营销渠道与技术，提升品牌的传播效果。同时，数字平台的实时反馈机制也为品牌策略的调整提供了依据，有助于品牌的持续优化与发展。

区域品牌联合活动，如冰雪节、赛事等，是吸引游客与媒体关注的有效途径。这类活动不仅能增强品牌的市场吸引力与活跃度，还能为区域间的合作与交流搭建平台。在活动策划与实施过程中，各区域需充分考虑活动的主题、形式与受众，确保活动的吸引力与影响力。同时，活动的成功举办离不开各参与方的通力合作与资源共享，这也为区域品牌的共建与推广提供了良好的实践机会。

二、区域间冰雪资源的优化配置

（一）冰雪旅游资源的联动开发

通过建立区域冰雪旅游资源共享平台，各地能够实现冰雪景点、活动和服务的互联互通。这不仅提升了游客的体验和满意度，也为各个地区提供了更广阔的发展空间。共享平台的建立，使不同区域的旅游资源可以相互补充和支持，形成一个有机的整体，带动整个冰雪产业的繁荣。

推动冰雪旅游线路的联动设计尤为重要。结合不同地区的特色资源，设计多样化的冰雪旅游产品，可以有效吸引更多的游客。这种联动设计不仅能够展示各地独特的自然风光和文化魅力，还能通过线路的合理规划，提升游客的旅行体验。多样化的产品组合，满足了不同游客的需求，增加了旅游市场的吸引力。

跨区域的冰雪旅游推广活动也是联动开发的重要组成部分。利用联合营销策略，可以增强品牌的影响力，提高各区域的知名度和吸引力。通过整合各地的宣传资源，形成合力，能够在更大范围内推广冰雪旅游的魅力。这种联合推广，不仅能够节约各地的宣传成本，还能通过品牌效应，吸引更多的游客。

整合冰雪旅游相关服务资源，如交通、住宿和餐饮，是提升游客整体服务体验的关键。通过优化这些服务资源，游客可以享受到更加便捷和舒适的旅行体验。这种整合不仅提升了游客的满意度，也促进了区域经济的协同发展。各地通过资源共享和协作，能够形成一个完整的服务链条，带动相关产业的共同发展。

（二）区域冰雪赛事的协调组织

区域冰雪赛事的协调机制的建立，旨在确保各地赛事安排的合理性与时间上的协调。这不仅可以避免赛事时间的冲突，还能提升参与者的参与度。通过合理的时间安排，各地区的赛事可以形成一套有序的赛事体系，最大限度地利用各地的冰雪资源。此外，赛事的协调组织还需要考虑参赛者的流动性和便利性，确保他们能够在不同的赛事间顺利转换，享受高质量的赛事体验。

为了确保不同区域赛事的公平性与专业性，制定统一的赛事标准与规则尤为重要。统一的标准和规则能够提升赛事的整体品质与观赏性，使各地的赛事在同一水平线上竞争。统一的规则不仅有助于维护赛事的公正性，也为参赛者提供了明确的参赛指引，减少了因规则差异而产生的误解和争议。这种标准化的赛事体系还可以吸引更多的国际参赛者和观众，进一步提升赛事的国际影响力。

信息共享是提升赛事管理效率的重要手段。通过加强赛事组织者之间的信息共享，利用数字平台实时更新赛事进展、参赛者信息及观众反馈，赛事的管理效率将大大提高。信息的及时更新和共享，不仅有助于赛事组织者快速响应突发情况，也为参赛者和观众提供了便利的赛事信息获取渠道。数字化平台的使用，还能为赛事的推广和宣传提供新的途径，吸引更多的观众和参与者。

推动区域间的资源整合，可以调动各地的赞助商、媒体和志愿者资源，形成合力，提升赛事的影响力与参与度。通过资源的整合，各地区可以共享赞助商和媒体资源，扩大赛事的宣传范围和影响力。志愿者的合理调配，也可以为赛事的顺利进行提供人力支持，提升赛事的服务质量。资源整合得成功与否，直接关系到赛事的规模和社会影响力，是区域冰雪赛事协调组织的重要内容。

（三）区域冰雪设施的共享利用

通过建立区域冰雪设施共享平台，各地的冰雪场馆、设备和资源可以实现互通。这种平台不仅提升了设施的使用效率，还有效降低了运营成本。共享平台的构建，需要各地政府、企业和相关机构的积极参与，通过合作实现资源的最大化利用。这种模式不仅促进了区域间的经济协作，也为冰雪产业的可持续发展提供了新的动力。

推动区域间冰雪设施的联合运营是实现资源整合的有效途径。通过联合运营，区域内的冰雪设施可以在更大范围内得到高效利用，增强整体服务能力。这种联合不仅能够提高设施的使用率，还能通过资源共享降低单个设施的运营风险。联合运营需要建立在各方的互信基础上，通过明确的合作协议和管理机制来保障各方的权益。这种模式不仅有助于提升设施的经济效益，也为区域间的文化交流和合作提供了新的平台。

为了确保冰雪设施共享的顺利进行，制定相应的管理规范是必不可少的。这些规范需要明确各参与方在使用过程中的责任与权益，确保合作的可持续性。管理规范的制定，应充分考虑各地的实际情况，结合法律法规和行业标准，形成一套科学、合理的管理体系。这不仅能有效预防潜在的纠纷和矛盾，还能为各方提供明确的行为指导，促进共享利用的长期稳定发展。

利用数字技术构建冰雪设施的在线预约与管理系统，是提升用户体验和资源配置灵活性的创新举措。通过数字化手段，用户可以方便地进行设施的预约和使用，极大地提高了共享利用的便利性。在线管理系统不仅能实现资源的实时监控和调度，还能通过数据分析优化资源配置，提高运营效率。这种技术的应用，不仅为用户提供了更加便捷的服务体验，也为设施管理者提供了科学的决策支持。

三、跨区域冰雪产业带规划与建设

（一）冰雪产业带的节点城市选择与功能定位

冰雪产业带节点城市的地理位置选择应考虑冰雪资源的丰富性与交通便利性。地理位置的优劣直接影响到游客的到访意愿以及相关产业的集聚效应。丰富的冰雪资源不仅能吸引滑雪爱好者和游客，还能吸引相关产业如酒店、餐饮、零售等的投资和发展。同时，交通便利性则确保游客能够快速便捷地抵达目的地，提升整体旅游体验。通过合理的地理位置选择，节点城市能够在冰雪产业链中发挥重要的推动作用。

功能定位需明确节点城市在冰雪产业链中的角色。不同的节点城市可以根据自身条件和资源禀赋，定位为旅游中心、赛事举办地或装备制造基地等角色。这种明确的功能定位有助于实现资源的高效配置，提高城市在冰雪产业链中的贡献度。例如，定位为旅游中心的城市可以重点发展旅游服务业，提供丰富的旅游产品和服务；而定位为赛事举办地的城市则可以通过举办各类冰雪赛事，提升城市的知名度和吸引力。装备制造基地则可以通过发展冰雪装备制造业，推动技术创新和产业升级。

节点城市应结合当地文化特色，打造具有地方特色的冰雪运动和产品。地方文化是一个城市独特的名片，结合当地文化特色的冰雪运动和产品不仅能提升城市的吸引力，还能增强市场竞争力。例如，结合地方传统节庆活动，设计独特的冰雪节庆活动，吸引更多游客参与。同时，开发具有地方特色的冰雪产品，如传统工艺与现代设计相结合的冰雪装备和纪念品，也能拓展市场空间。通过文化与冰雪产业的深度融合，节点城市可以在冰雪产业带中形成独特的竞争优势。

在节点城市的规划中，应重视基础设施建设，包括交通、住宿和娱乐设施。这些基础设施是支持冰雪产业可持续发展的重要保障。完善的交通设施能确保游客的便捷出行，而高质量的住宿和娱乐设施则能提升游客的整体体验和满意度。通过基础设施的持续投入和优化，节点城市可以为冰雪产业的发展提供坚实的支撑，吸引更多的游客和投资者，推动区域经济的持续增长。

（二）基础设施互联互通与网络化建设

第一，建立跨区域冰雪产业基础设施信息共享平台。跨区域冰雪产业基础设施信息共享平台的建设旨在促进各地资源、设备及场馆的透明化管理与实时更新，从而提高资源利用效率。通过信息共享，各地可以更好地协调资源分配，避免资源浪费与重复建设，最终实现冰雪产业的可持续发展。

第二，推动冰雪产业链上下游企业间的物流网络建设。通过构建完善的物流网络，能够确保原材料、产品及服务在各环节间的高效流动。这不仅提升了整体运营效率，还为冰雪产业链的企业提供了更为灵活的生产和服务能力。企业间的协同合作和网络化物流系统的建立，有助于降低运营成本，提高市场竞争力，并为消费者提供更优质的服务体验。

第三，整合区域内的交通网络与冰雪设施。优化游客出行路线，不仅可以缩短游客在途时间，还能提升整体旅游体验的舒适度。通过交通网络的优化，游客能够更便捷地到达各大冰雪旅游目的地，这将极大地促进冰雪旅游市场的发展。同时，交通与设施的整合也为冰雪产业的其他相关领域提供了更多的发展机遇。

第四，引入智能化管理系统。利用物联网技术对冰雪设施的使用情况进行监测和管理，可以实现精细化运营和维护。这种智能化的管理模式不仅提高了设施的使用效率，还延长了设备的使用寿命。通过实时数据的收集与分析，管理者可以及时做出决策，优化设施的使用和维护计划，从而提升整体服务质量。

第五，促进区域间的基础设施投资合作。在政策引导和资金支持的双重作用下，各区域可以通过合作实现资源的优化配置和设施的共同建设。这种合作模式不仅提升了冰雪产业的整体服务能力，还为区域经济的发展提供了新的动能。在政策的引导下，跨区域的合作将进一步推动冰雪产业的深度融合与创新发展。

（三）产业带内生态与文化协调发展

在冰雪产业带内，推动生态旅游与冰雪运动的融合发展，不仅能够丰富游客的体验，还能提升他们对自然环境的保护意识。通过这种方式，生态文明建设得以进一步促进。生态旅游与冰雪运动的结合，不仅要求对自然资源的合理利用，同时也强调对环境的保护和修复。通过教育和互动运动，游客可以更深刻地理解生态保护的重要性，从而在参与冰雪活动的过程中，自觉地维护自然环境。

在冰雪产业带内，加强地方文化的挖掘与传承是至关重要的。通过组织丰富多样的文化活动，可以为游客提供独特的旅游体验，增强他们的文化认同感。

地方文化的独特性和多样性是吸引游客的重要因素，通过文化活动的融入，冰雪旅游不仅是一次运动体验，更是一场文化之旅。文化活动的设计应充分考虑地方特色，结合冰雪主题，既能展示地方文化的魅力，又能增强游客对当地文化的理解和认同。

建立生态友好的冰雪设施是实现生态与经济和谐共生的基础。采用可持续的建设和运营模式，确保对环境的最小影响，是冰雪产业发展的重要原则。这不仅包括在建筑材料和技术上的环保选择，还涉及运营过程中对资源的高效利用和废弃物的管理。通过这些措施，冰雪设施可以在提供优质服务的同时，最大限度地减少对环境的负面影响，促进生态与经济的双赢局面。

策划多样化的文化交流活动是提升冰雪产业带文化吸引力的重要手段。通过这些活动，可以吸引更多游客和投资者的关注与参与，进而推动冰雪产业的进一步发展。文化交流活动不仅是文化展示的平台，也是促进不同文化之间交流与合作的机会。通过这些活动，冰雪产业带可以不断提升自身的文化内涵和吸引力，成为国际化的旅游和投资目的地。

第四章 冰雪产业科技创新机制的强化

第一节 明确冰雪产业科技创新的战略定位

一、分析冰雪产业科技创新的重要性

（一）推动冰雪经济增长的核心动力

科技创新不仅能够提升冰雪产业的整体竞争力，还能为其注入新的活力和动能。通过科技创新，冰雪产业可以实现产品的多样化与品质提升，从而满足不同消费者的需求，拓展市场范围。技术的进步使冰雪运动装备在安全性和性能上不断优化，进而提升运动员和爱好者的体验和安全保障。此外，科技创新还促进了冰雪旅游服务的智能化和个性化，通过数据分析和智能技术，游客能够享受到更为便捷和定制化的服务体验。

冰雪产业的科技创新不仅局限于内部的发展，还推动了与其他行业的跨界融合与协同发展。通过与信息技术、人工智能等领域的结合，冰雪产业可以开发出更加丰富和创新的产品与服务，形成新的产业链和生态圈。这种跨界融合不仅拓宽了冰雪产业的应用领域，还为其他行业带来了新的发展机遇和增长点。在全球可持续发展的大背景下，冰雪产业的科技创新也在提升其可持续发展能力和环境友好性方面发挥着重要作用。通过技术手段，冰雪产业可以有效降低资源消耗和环境影响，实现绿色发展。

（二）提升国内冰雪竞技水平的技术支持

高水平的冰雪运动科研机构通过提供专业的技术支持和人才培养，能够有效推动冰雪竞技的整体提升。这些机构不仅是技术研发的中心，也是培养优秀冰雪运动员和教练员的摇篮。通过系统的科研支持，运动员在训练和比赛中可以获得更科学的指导，从而在国际赛事中展现更强的竞争力。

研发先进的运动装备与训练器材是提升运动员训练效果和竞技表现的重要环节。现代冰雪运动对装备的要求越来越高，先进的装备不仅能够提高运

动员的安全性，还能显著改善他们的表现。通过不断创新和优化运动装备，运动员可以在训练中模拟真实比赛环境，提高技术水平。同时，训练器材的创新也使运动员能够更有效地进行体能和技能训练，进而在比赛中发挥出最佳状态。

引入数据分析与运动生理学技术是优化运动员训练计划与比赛策略的有效手段。通过精准的数据分析，教练员可以实时监控运动员的训练状态，及时调整训练计划以达到最佳效果。运动生理学技术的应用则帮助运动员更好地理解自身的身体状况，合理安排训练强度和休息时间，避免过度训练导致的伤病。这些技术的结合不仅提高了训练的科学性，也为比赛策略的制定提供了坚实的基础。

推动冰雪项目的标准化与规范化对于确保竞技水平的公平性与科学性至关重要。标准化的比赛规则和训练方法能够减少比赛中的不确定因素，确保运动员在公平的环境中竞争。同时，规范化的训练体系也为运动员提供了明确的成长路径，有助于他们在各个阶段的训练中循序渐进，稳步提升竞技水平。这种标准化和规范化不仅有利于国内冰雪运动的发展，也为参与国际赛事打下了良好的基础。

促进冰雪运动的技术交流与合作，借鉴国际先进经验与技术成果，是提升国内冰雪竞技水平的重要策略。通过国际交流，国内的冰雪运动员和教练员可以了解最新的技术发展趋势和训练方法，从而在实践中加以应用。同时，这种交流也为国内冰雪产业的发展提供了新的思路和方向，推动整个行业的进步。借鉴国际先进经验，不仅可以缩短与世界顶尖水平的差距，也有助于形成具有中国特色的冰雪运动发展模式。

（三）加速冰雪旅游市场发展的科技创新

利用虚拟现实和增强现实技术，旅游业者能够为游客提供前所未有的沉浸式体验。例如，滑雪模拟器可以让初学者在虚拟环境中练习滑雪技巧，而增强现实导览则为游客提供详细的景区信息，提升游览的互动性和趣味性。这些技术不仅丰富了游客的体验，也吸引了更多年青一代的游客群体，推动了冰雪旅游市场的拓展。

智能化旅游管理系统的开发为冰雪旅游市场带来了显著的效率提升。通过大数据分析，这些系统可以优化游客流量，合理配置资源，从而提升服务质量。游客可以通过智能系统实时获取景区信息，规划最佳游览路线，减少排队和等待时间。这种科技手段的应用不仅提高了游客的满意度，还帮助景区管理者更好地进行运营决策，降低成本，实现可持续发展。

冰雪旅游产品的个性化定制是科技创新的又一体现。通过分析游客的兴趣和需求，旅游业者可以利用科技手段设计量身定制的旅游方案。这种个性化服务不仅提升了游客的体验感，也增加了旅游产品的附加值。科技的介入使旅游产品不再是简单的标准化服务，而是更加贴近游客需求的个性化体验，助力冰雪旅游市场的多元化发展。

区块链技术的引入为冰雪旅游交易的安全性和透明度提供了保障。通过区块链，交易信息可以被安全地记录和追溯，这不仅提高了交易的安全性，也增强了游客对旅游服务的信任感。此外，区块链技术还能减少中间环节，降低交易成本，提高市场效率，使冰雪旅游市场更加健康和可持续发展。

加强冰雪旅游与文化、生态等其他领域的结合，是科技创新的重要方向。通过科技手段，旅游产品可以融入更多元的文化和生态元素，打造出独特的旅游体验。例如，利用科技展示当地的文化历史或生态环境，丰富游客的知识和体验。这种跨领域的融合不仅提升了旅游产品的吸引力，也推动了冰雪旅游市场的创新发展。

二、确定冰雪产业科技创新的战略目标

(一) 构建冰雪科技创新的长效机制

冰雪科技创新长效机制的核心在于建立一个稳定且可持续的创新环境，使科技研发能够在长期内不断产生实质性的突破。通过系统化的创新机制，可以确保冰雪产业在全球市场中的竞争力。首先，创新机制需要具备灵活性和适应性，以应对市场变化和技术进步。其次，机制的构建应注重资源的合理配置，确保科技研发的高效性和成果转化的及时性。最后，创新机制还需具备激励性，鼓励各方积极参与创新活动，为冰雪产业的长远发展提供动力。

建立冰雪科技创新的政策支持体系是实现长效机制的关键。政策支持不仅包括财政补贴和税收优惠，还应涉及法规的制定和实施，以营造一个支持创新的法律环境。政府应制定明确的政策导向，鼓励企业、高校和科研机构共同参与冰雪产业的科技研发和创新，形成良好的合作氛围。通过政策引导，促进产学研深度融合，推动科技成果的快速转化和产业化。同时，政策支持体系应具

备动态调整的能力，能够根据产业发展阶段和市场需求的变化进行及时调整，以保持政策的有效性和前瞻性。

构建多层次的冰雪科技创新资金投入机制是推动科技发展的重要保障。资金投入机制应包括政府资金、社会资本和风险投资的多元化组合，以形成稳定的资金来源。政府可以通过设立专项基金、提供贷款担保等方式，吸引社会资本和风险投资的参与，形成多层次的资金支持体系。这样的机制不仅能够满足科技项目的资金需求，还可以通过市场化运作，提高资金使用效率和项目成功率。此外，资金投入机制还应注重对中小企业的支持，帮助其克服资金短缺的困难，激发创新活力。

强化冰雪科技创新的人才培养与引进机制是提升产业竞争力的核心要素。建立专门的培训体系，提高相关从业人员的专业技能与创新能力，是实现科技创新的基础。政府和企业应加大对冰雪产业人才的培养力度，通过高校合作、职业培训等方式，培养一批高素质的创新型人才。同时，积极引进国际高端人才，借鉴国际先进经验，提升国内科技研发水平。人才机制的完善不仅要注重人才的引进和培养，还应注重对现有人才的激励和保留，形成良性的人才流动和发展环境。

推动冰雪产业科技创新的知识产权保护机制是保障创新成果的重要手段。鼓励企业和研究机构积极申请专利，维护创新成果的合法权益，是促进科技创新的必要条件。政府应加强知识产权法律法规的宣传和实施，提升企业和科研人员的知识产权意识。同时，建立健全知识产权保护的相关制度，提供法律援助和纠纷解决服务，确保创新者的合法权益得到有效保护。只有在知识产权得到充分保护的环境下，企业和科研机构才能放心投入资源进行创新活动，推动冰雪产业的持续发展。

（二）加强冰雪产业科研技术的协同创新

冰雪产业科研技术的协同创新要求各方资源的整合与优化，建立跨行业合作平台是实现这一目标的重要手段。这些平台应当促进冰雪产业与科技、旅游、文化等领域的资源共享与技术交流，从而打破行业壁垒，实现信息和技术的无缝对接。这一过程不仅能提升冰雪产业的技术水平，还能推动相关产业的共同发展，形成多赢局面。通过跨领域的合作，冰雪产业可以吸收其他行业的先进技术和管理经验，进一步增强其创新能力和市场适应性。

推动冰雪产业链上下游企业的协同研发，是确保创新机制贯穿整个产业链的重要举措。从原材料供应到产品销售，产业链各环节的协同研发能够形成全链条的创新机制。这样的机制有助于提升产品质量和生产效率，降低成本，并缩短产品研发周期。通过加强上下游企业的合作，冰雪产业可以更好地应对市场变化和技术挑战，实现可持续发展。此外，协同研发还可以促进企业间的知识共享和技术转移，推动整个产业的技术进步和创新能力提升。

引入创新孵化器和科技园区，支持初创企业在冰雪科技领域的研发与市场推广，是激发创新活力的重要手段。孵化器和科技园区为初创企业提供了良好的研发环境和资源支持，帮助它们克服资金、技术和市场方面的困难。通过这些平台，初创企业可以获得技术指导、市场信息和资金支持，从而加速技术研发和产品商业化进程。这不仅有助于培育新兴企业，推动产业创新，还能为冰雪产业注入新的活力和动力，提升整个行业的创新水平。

强化高校与企业的合作，建立产学研结合的科研项目，是提升冰雪产业技术研发实际应用能力的有效途径。高校作为知识和技术的源泉，与企业的合作可以将科研成果迅速转化为实际应用。通过产学研结合，企业可以获得前沿技术和创新思路，而高校则能了解产业需求，调整研究方向，实现科研与产业的良性互动。这种合作模式不仅能提升冰雪产业的技术水平，还能培养出更多适应产业需求的人才，为产业的持续创新提供人力资源保障。

鼓励国际科技合作与交流，引进先进的冰雪科技成果，是推动国内相关技术提升与应用的重要策略。国际合作可以为冰雪产业带来先进的技术和管理经验，提升国内企业的技术水平和国际竞争力。通过引进和消化吸收国外的先进技术，国内企业可以缩短研发周期，降低研发成本，提高产品质量和市场竞争力。此外，国际合作还可以开拓国际市场，为冰雪产业的全球化发展提供支持。通过加强国际科技合作，冰雪产业可以不断提升自身的创新能力和市场适应性，实现可持续发展。

（三）推动冰雪科技生态系统的可持续发展

冰雪产业与可再生能源技术的结合是探索绿色发展路径的重要举措。随着环境问题的日益严峻，降低产业发展对环境的影响已成为各国关注的重点。通过将可再生能源技术引入冰雪产业，可以有效减少碳排放，提升能源使用效率。这不仅有助于实现冰雪产业的可持续发展目标，还能为其他行业提供绿色发展的借鉴经验。绿色发展路径的探索将为冰雪产业注入新的活力，使其在国际市场中具备更强的竞争力。

建立冰雪科技生态系统的监测与评估体系是确保其可持续性的必要手段。通过定期评估生态系统的运行状态与创新成果，可以及时发现问题并进行调整，以保持生态系统的活力与创新能力。这一体系的构建需要多方参与，包括政府、企业、科研机构等，共同制定科学合理的评估标准与方法。通过持续的监测与评估，冰雪科技生态系统能够在动态变化中保持稳定发展，为产业的长远发展提供可靠保障。

促进冰雪产业与地方社区的互动与合作，是增强地方经济活力与可持续发展能力的重要途径。冰雪产业的发展不仅依赖于科技创新，还需要与地方经济形成良好的互动关系。通过与地方社区的合作，可以实现资源共享、利益共赢，增强地方经济的活力。同时，地方社区的参与也能为冰雪产业的发展提供新的视角与思路，推动产业的创新与进步。这样的合作模式将有助于形成一个良性循环，为冰雪产业的可持续发展奠定坚实的基础。

三、规划冰雪产业科技创新的发展路径

（一）推动冰雪产业与数字技术的深度融合

利用大数据分析技术优化冰雪旅游资源配置，是提升游客体验与满意度的关键手段。通过对游客行为数据的收集与分析，冰雪旅游企业可以更精准地了解游客的偏好与需求，从而提供更为个性化的服务。这不仅能提高游客的满意度，还能通过精准营销提升企业的市场竞争力。此外，大数据分析还可以帮助企业优化资源配置，合理安排旅游线路和设施，避免资源浪费，提升运营效率。在这一过程中，数据的安全性和隐私保护也需得到充分重视，以确保游客信息的安全。

结合人工智能技术构建个性化的冰雪运动训练系统，是实现运动员定制化训练的核心。人工智能技术能够根据运动员的能力和需求，自动生成个性化的训练计划，帮助运动员在各个阶段获得最佳训练效果。这种个性化的训练系统可以考虑到运动员的身体状况、技术水平和心理状态等多方面因素，从而提供更具针对性的训练建议。此外，人工智能技术还可以通过对训练数据的分析，不断优化训练计划，提高训练效率和效果。

应用区块链技术确保冰雪产业链各环节的信息透明与安全，是提升交易信任度与效率的有效手段。区块链技术以其去中心化和不可篡改的特点，能够为

冰雪产业链中的各个环节提供安全可靠的信息共享平台。这不仅可以提高交易的透明度，还能有效防范信息篡改和欺诈行为，提高产业链的整体效率和信任度。在冰雪产业中，区块链技术的应用可以涵盖从原材料供应到产品销售的各个环节，确保每一笔交易的真实性和安全性。

通过虚拟现实和增强现实技术创新冰雪旅游产品，是吸引更多游客参与的重要策略。虚拟现实和增强现实技术能够为游客提供沉浸式的体验，使其在虚拟环境中感受到真实的冰雪运动乐趣。这种技术不仅可以丰富游客的体验，还能吸引那些无法亲临现场的游客参与其中，扩大冰雪旅游的市场覆盖面。此外，虚拟现实和增强现实技术还可以用于冰雪运动的培训和教学，帮助初学者更快掌握技能，提升冰雪运动的普及度和参与度。

（二）建立健全冰雪产业的技术推广平台

冰雪产业技术推广中心的设立，旨在集中展示和推广先进的冰雪科技成果。这些中心不仅是新技术的展示窗口，更是技术普及与应用的桥梁。通过集中展示，企业和从业人员能够更直观地了解和掌握最新的科技动态，从而加速新技术在行业中的落地和应用。此外，这些中心还肩负着促进技术交流与合作的重任，通过定期举办展览和研讨会，推动行业内外的技术交流与合作，形成良好的创新生态。

随着互联网技术的迅猛发展，构建线上技术推广平台已成为必然趋势。通过利用互联网技术发布冰雪产业的最新科技动态和创新成果，各方可以更加便捷地获取信息。这种线上平台不仅打破了地域和时间的限制，还大大降低了信息传播的成本和难度。企业和从业人员可以通过在线平台实时获取行业最新动态，了解最前沿的技术发展趋势，从而及时调整自身的发展策略。此外，线上平台的互动性也为行业内的技术交流和合作提供了新的可能，进一步促进了科技创新的扩散和应用。

定期组织技术交流与合作会议，是推动冰雪产业技术创新的重要手段。通过邀请行业专家和科研人员分享最新的研究成果与技术应用经验，可以促进行业内的合作与创新。这些会议为科研人员、企业代表和从业人员提供了一个交流和学习的平台，使他们能够分享经验、碰撞思想，从而激发更多的创新灵感。同时，会议中所展示的前沿技术和研究成果，也为行业的发展提供了新的思路和方向，引领冰雪产业的技术创新。

（三）构筑冰雪产业的开放合作创新网络

通过构建开放的冰雪科技创新平台，可以有效整合和共享各方资源，提升整体创新效率。这样的平台不仅能够促进技术的快速迭代，还能为企业、高校和科研机构提供一个协同合作的空间，推动冰雪产业的技术进步。通过共享实验设备、研究数据和创新成果，各参与方可以在开放的环境中进行更为深入的合作，减少重复劳动，提升研发效率。

建立冰雪产业联盟是实现技术研发与市场需求有效对接的重要举措。联盟的成立将联合企业、高校和科研机构，通过联合研发和项目合作，推动技术创新与市场需求的同步发展。联盟不仅能够集中力量攻克技术难题，还能通过市场导向的研发策略，确保技术创新能够迅速转化为市场竞争力。通过定期的技术交流会和行业研讨会，联盟成员可以分享最新的研究成果和市场动态，形成一个良性的技术创新生态圈。

引入国际合作机制是增强冰雪科技创新能力的重要途径。通过吸引外部专家与机构参与冰雪科技创新，可以有效提升技术引进与本土化应用能力。国际合作不仅能够带来先进的技术和管理经验，还能为本土企业提供进入国际市场的机会。通过国际合作项目和研讨会，国内企业和科研机构可以与国际同行建立紧密的合作关系，分享最新的技术趋势和市场需求，从而提升自身的创新能力和市场竞争力。

开展跨行业的创新合作是拓展冰雪产业市场空间的有效策略。冰雪产业与旅游、文化、科技等领域的融合创新，可以创造新的商业模式和市场机会。通过跨行业的合作，冰雪产业可以借鉴其他领域的成功经验，探索新的发展路径。例如，通过与旅游行业的合作，可以开发冰雪主题的旅游产品，吸引更多的游客；通过与文化产业的合作，可以将冰雪运动与文化活动相结合，提升冰雪产业的文化内涵和市场吸引力。

建立开放的知识共享平台是提升冰雪产业整体创新能力与竞争力的基础。通过促进产业内的技术交流与经验分享，可以有效提升行业的整体创新水平。知识共享平台不仅能够为从业者提供最新的技术信息和市场动态，还能为创新者提供一个展示和推广其创新成果的平台。通过在线论坛、研讨会和技术展览等形式，行业从业者可以分享成功案例和失败经验，推动整个行业的技术进步和市场拓展。

第二节　推动冰雪产业科技创新的资源整合

一、整合高校与科研机构智力资源

（一）高校与科研机构的联合科研项目

通过建立稳固的合作机制，高校与科研机构可以共同申报国家和地方的科技项目，从而提高科研资金的获取能力。这种合作不仅有助于增强项目的竞争力，还可以确保各方在资源使用和技术开发上形成合力。同时，这种联合申报机制能够促使高校和科研机构在项目执行过程中，充分发挥各自的优势，实现资源的最优配置，从而提高科研工作的效率和成果的质量。

在冰雪产业的具体应用中，联合研发项目尤为重要。高校与科研机构可以通过合作，聚焦于运动装备、训练技术和旅游服务等领域的创新研发。这些领域不仅是冰雪产业发展的关键环节，也是提升产业竞争力的重要组成部分。通过联合研发，双方可以共享设备、技术和数据资源，减少重复研究，提升研究效率。此外，这样的合作还可以推动新技术的快速应用，为冰雪产业的各个环节提供技术支持，促进产业升级。

为了促进高校与科研机构之间的技术与经验分享，建立定期的学术交流活动显得尤为重要。这些活动可以包括研讨会、论坛和讲座等形式，旨在为研究人员提供一个开放的平台，分享最新的研究成果和技术进展。这种交流不仅有助于激发创新灵感，还可以促进跨学科的合作，推动多领域技术的融合。同时，学术交流活动也为年轻研究人员提供了一个展示自己研究成果的机会，促进人才的成长和发展。

设立专门的冰雪科技研究中心，是集中资源进行跨学科科研合作的重要举措。这样的研究中心可以聚集来自不同学科的专家，形成一个多元化的研究团队，推动多领域技术的融合与创新。研究中心可以在冰雪装备、环境监测、气候变化等多个领域开展深入研究，为冰雪产业提供全方位的技术支持。此外，研究中心还可以作为一个开放的平台，吸引国内外的研究机构和企业参与合作，推动国际科技交流与合作。

推动高校与企业的联合实习与实践项目，是培养具有实际操作能力的专业人才的有效途径。通过这种合作，学生可以在真实的企业环境中，将理论知识应用于实际操作，提高自身的专业能力和技术水平。这不仅有助于培养适应市场需求的人才，还可以促进科研成果的转化，实现产学研的紧密结合。企业在此过程中也能获得最新的科研成果和技术支持，提升自身的创新能力和市场竞争力。

（二）建立冰雪科技创新人才培养基地

冰雪科技创新人才培养基地将通过提供系统化的课程设置，涵盖冰雪运动科学、装备技术、旅游管理等多学科知识，满足行业发展需求。通过这些课程，学员将获得全面的知识体系，不仅能够理解冰雪产业的各个方面，还能在实际操作中应用这些知识。这种多学科的融合，不仅为学员提供了广阔的学习视野，也为冰雪产业的发展提供了智力支持，确保行业在快速发展的同时，能够获得持续的创新动力。

引入行业专家和学者参与教学是确保课程内容与冰雪产业最新技术和市场趋势紧密结合的重要手段。通过专家的指导，从业人员能够接触前沿的行业动态和技术革新，这不仅提高从业人员的实践能力，也增强他们的就业竞争力。专家丰富的经验和视角为学员提供了宝贵的学习机会，使他们能够在实践中更好地理解理论知识的应用，从而在未来的职业生涯中更具优势。

开展产学研合作项目是促进理论与实践结合的有效方式。通过参与实际的科研与技术开发，从业人员能够在真实的项目中锻炼自己的创新思维和解决问题的能力。这种实践经验使从业人员在毕业后能够迅速适应工作环境，并为冰雪产业的发展贡献力量。产学研合作不仅提升了从业人员的综合素质，也为企业和科研机构提供了新鲜的创新思路，形成了良性互动的创新生态。

设立奖学金和科研资助是激励优秀从业人员和科研团队创新研究的重要手段。通过这些激励措施，能够吸引更多优秀人才投身于冰雪科技领域的研究，推动人才培养和科研成果的转化。这种激励机制不仅提高了从业人员的学习积极性，也为科研团队提供了更好的研究条件，从而促进冰雪产业的科技创新和发展。

二、引导企业加大科技创新投入力度

（一）搭建企业科技研发合作平台

企业科技研发合作平台不仅为企业提供了一个交流与合作的空间，还能有效整合各方资源，提升整体创新能力。通过搭建这样的合作平台，企业可以共享技术资源，减少重复研发投入，提升研发效率。同时，合作平台也为企业提供了一个展示自身技术成果的机会，有助于吸引更多的合作伙伴和投资者，进一步推动企业的科技创新。

搭建企业与科研机构的联合研发平台，促进技术资源的共享与合作，是推动冰雪产业科技创新的重要举措。通过这种联合研发平台，企业能够更好地利用科研机构的技术优势和创新能力，提升自身的研发水平。此外，科研机构也能通过与企业的合作，了解市场需求，将研究成果更好地应用于实际生产中。这种双赢的合作模式，不仅能加速科技成果的转化，还能推动整个冰雪产业的技术进步。

设立专门的创新基金，支持企业在冰雪科技领域的研发项目，降低创新风险，是引导企业加大科技创新投入的有效手段。创新基金可以为企业的研发项目提供必要的资金支持，帮助企业克服资金不足的困难。同时，创新基金的设立也能激励企业加大对科技创新的投入，提高企业的创新积极性。这种资金支持机制，不仅能降低企业在科技创新过程中的风险，还能促进企业不断探索新的技术领域，推动冰雪产业的持续发展。

建立企业间的技术交流与合作机制，促进不同企业在冰雪产业链中的协同创新，是提升冰雪产业整体竞争力的重要途径。通过技术交流与合作，企业可以互相学习和借鉴，取长补短，提升自身的技术水平。此外，企业间的合作还能形成合力，共同应对市场变化和技术挑战。这种协同创新机制，不仅能提高企业的创新能力，还能推动整个产业链的优化和升级，提升冰雪产业的整体竞争力。

推动企业参与行业标准的制定，提升冰雪产业的整体技术水平与市场竞争力，是引导企业加大科技创新投入的重要方向。通过参与行业标准的制定，企业可以在技术标准上占据主动地位，提升自身的市场竞争力。此外，行业标准的制定也能规范市场秩序，促进技术的推广和应用。这种标准化的推动，不仅能提高企业的技术水平，还能提升整个冰雪产业的国际竞争力。

（二）提升企业自主研发能力

企业需要建立健全内部研发团队，整合各部门的资源，形成技术创新与产品开发的协同效应。通过这种方式，不仅可以提高研发效率，还能更好地响应市场需求的变化。内部研发团队的建设应注重多样化人才的引入和培养，以确保技术创新的多元化和可持续性。此外，企业还需要设立研发激励机制，鼓励员工积极参与创新活动。通过提供资金支持和奖励措施，激发员工的创造力和积极性，促进更多创新想法的涌现和实施。这种机制的建立不仅能提高员工的工作热情，还能为企业带来更多的创新成果。

加强与高校和科研机构的合作是提升企业技术水平和市场适应性的有效途径。通过开展联合研发项目，企业可以利用高校和科研机构的先进技术和研究成果，提升自身的技术能力。同时，这种合作也有助于培养企业内部的研发人才，形成良好的技术创新氛围。为了确保研发方向与市场趋势相符，企业需要定期进行市场需求分析。通过深入了解市场动态和消费者需求，企业可以调整研发策略，开发出更具竞争力的产品。市场需求分析不仅是研发工作的基础，也是企业在激烈市场竞争中立于不败之地的关键。

建立持续的技术培训体系是提升员工专业技能和创新能力的必要措施。企业应定期组织技术培训，更新员工的知识结构，提升其技术水平和创新能力。通过这种方式，企业可以增强自身的自主研发能力，提高市场竞争力。技术培训体系的建立还可以促进企业文化的创新，形成良好的创新氛围，使企业在科技创新的道路上走得更远。综上所述，提升企业自主研发能力需要多方面的努力，包括内部资源整合、激励机制的设立、外部合作的加强、市场需求的把握以及技术培训体系的建设。这些措施的综合实施，将为冰雪产业的科技创新提供强有力的支持。

（三）优化科技投入的资金使用效率

科技投入的资金使用效率直接关系到研发项目的成败和市场竞争力。为此，企业需要在资金使用过程中采取精细化管理策略，通过科学的预算管理制度确保资金的透明性和有效性。预算管理制度的建立，不仅可以避免资源浪费，还能使企业在科技创新过程中做到心中有数，合理分配各项研发经费，从而提升整体资金使用效率。

建立科技投入的预算管理制度是优化资金使用的基础。通过制订详细的预算计划，企业可以明确每项研发活动的资金需求和使用方向，确保资金使用的透明性和有效性。预算管理制度的实施能够帮助企业在科技创新过程中避免资源浪费，确保每一笔资金都用于最需要的地方。这种管理制度要求企业在资金使用前进行充分的市场调研和项目评估，以便在资金分配时做到有的放矢，最大限度地发挥资金的使用效益。

推动跨部门协作是整合资源、优化资金使用效率的重要途径。通过跨部门的合作，企业可以将内部的各类资源进行有效整合，从而在科技创新中形成合力。跨部门协作不仅可以提高资金使用效率，还能通过资源共享减少重复投入，确保科技投入能够最大限度地支持创新项目的实施。这一过程需要企业在内部建立良好的沟通机制，确保各部门之间的信息流畅和资源共享。

设立科技创新资金的专项审计是确保资金使用效果的重要保障。通过定期对资金使用情况进行审计，企业可以及时发现资金使用中的问题，并采取相应措施进行整改。专项审计不仅可以提高资金使用的透明度，还能确保每一笔投入都能产生应有的经济和社会效益。企业在设立专项审计时，需要聘请专业的审计团队，对资金使用情况进行全面评估，并及时向管理层反馈审计结果。

三、构建冰雪产业科技创新信息共享平台

(一) 建立线上线下信息共享交流平台

线上信息平台的建立旨在整合冰雪产业中的科技成果、市场动态和政策信息，使从业人员和企业能够便捷地获取最新资讯。这不仅有助于提升行业的透明度，还能为企业决策提供有力支持。通过整合多方信息资源，平台可以实现信息的集中化和系统化，减少信息不对称的问题，促进产业链各环节的协同发展。为了确保信息的实用性和前沿性，平台需要与政府、科研机构以及行业协会保持密切联系，定期更新内容，满足用户的多样化需求。

线下交流活动的开发是线上平台的有力补充，通过定期举办冰雪科技论坛和研讨会，可以促进业内专家、学者和企业之间的面对面交流与合作。这种面对面的互动不仅能够加深各方之间的理解和信任，还能够为技术的实际应用提供宝贵的反馈和建议。在论坛和研讨会上，参与者可以展示最新的研究成果和技术应用案例，激发新的合作机会和创新思路。此外，这些活动还可以吸引更多的投资者和政策制定者关注冰雪产业，为产业的发展提供更多的资源支持。

在现代信息社会中，社交媒体群组的创建为行业内的互动提供了一种全新的方式。通过利用现代社交平台，可以加强从业人员之间的互动，鼓励他们分享经验和技术，形成良好的交流氛围。这种互动不限于技术层面，还可以扩展到市场营销、管理经验等多个领域。通过社交媒体，行业内的创新思想和最佳实践可以更快地传播和采纳，从而加速整个行业的创新步伐。同时，社交媒体还可以作为一个反馈渠道，让企业和从业人员及时了解市场的需求和变化，调

整自身的发展策略。

实施信息共享机制是确保共享平台长期有效运作的关键。各参与方需要定期更新和维护共享平台的内容，以确保信息的及时性和准确性。通过建立明确的责任和激励机制，可以鼓励各方积极参与信息的共享和更新。这不仅有助于提高行业整体的创新能力，还能够增强各方的合作意愿和信任感。信息共享机制的成功实施将为冰雪产业的科技创新提供坚实的基础，促进产业的可持续发展和国际竞争力的提升。

（二）开发冰雪科技创新数据库

冰雪科技创新数据库的建设需要考虑多种数据格式的输入与输出，以适应不同用户的需求和使用习惯。通过开发先进的数据库模块，可以实现对文本、图像、视频等多种类型数据的高效处理和管理。这不仅能够满足科研人员对数据的分析需求，也可以为企业提供市场趋势预测和技术创新的支撑。数据库的多功能性和兼容性将成为其核心优势，为冰雪产业的科技进步提供坚实的基础。

为了确保冰雪科技创新数据库的活力和实用性，定期更新数据库内容是必不可少的。随着科技的不断进步和产业的发展，新的研究成果和行业动态层出不穷。定期更新能够确保数据库中信息的时效性和准确性，使用户能够获取最新的研究进展和市场信息。这种动态更新机制不仅有助于保持数据库的前沿性，还能激发用户的持续关注和使用兴趣，为冰雪产业的创新提供持续的动力。

建立数据共享机制是开发冰雪科技创新数据库的重要组成部分。通过允许高校、科研机构和企业上传与下载相关数据，能够有效促进资源的共享与合作。这种机制不仅可以打破“信息孤岛”，提升数据的利用效率，还能加强不同机构之间的协作，推动跨领域的创新。数据共享机制的实施将为冰雪产业的科技创新提供更加广阔的空间，促进各方资源的优化配置和协同发展。

数据库的安全性是开发过程中需要重点考虑的因素。通过设置数据库访问权限，可以确保敏感信息的安全性，同时鼓励开放数据的使用。这样的设计能够在保护知识产权和商业机密的同时，推动数据的广泛应用和价值创造。通过合理的权限管理，冰雪科技创新数据库可以在保证信息安全的前提下，最大限度地发挥其在推动冰雪产业整体创新能力提升中的作用。

（三）构建行业标准化信息共享机制

构建行业标准化信息共享机制的核心在于制定一个清晰的标准化信息共享

框架。首先，明确参与方的角色和责任至关重要，这不仅有助于确保信息传递的顺畅与高效，也为各方协同合作提供了制度保障。通过界定各参与方在信息共享中的具体职责，可以有效避免“信息孤岛”现象的产生，促进信息在整个产业链中的自由流动。其次，建立一个透明、可追溯的责任体系，有助于增强各方的信任与合作意愿，从而为信息共享机制的良好运作奠定基础。

在制定标准化信息共享协议时，需要特别注意数据格式、更新频率及使用权限的规范化。数据格式的统一能够有效减少信息传递中的误差和偏差，确保信息的准确性和一致性。同时，合理的更新频率可以保证信息的时效性，使各参与方能够及时获取最新的产业动态和科技创新成果。使用权限的明确则是信息安全的关键，通过合理划分信息的访问权限，可以有效保护各方的商业机密和技术创新成果，防止信息滥用和泄露。

推动行业内的标准化技术培训是提升从业人员对信息共享机制的理解与应用能力的有效手段。通过定期举办培训班、研讨会等活动，可以帮助从业人员熟悉标准化信息共享的流程和规范，提升其在实际操作中的应用能力。这不仅有助于提高信息共享的普及程度，也为行业整体的科技创新能力提升提供了坚实的人才保障。培训活动还可以作为一个交流平台，促进不同企业和机构之间的经验分享和合作。

鼓励各参与方积极反馈信息共享的使用体验，是促进标准动态更新的重要途径。通过建立反馈机制，可以收集各方在信息共享过程中的实际体验和建议，为标准的改进和完善提供参考。动态更新的标准可以更好地适应行业发展的新需求，保持信息共享机制的先进性和实用性。通过不断优化和完善信息共享标准，可以有效提升冰雪产业的科技创新能力，推动产业的高质量发展。

第三节　加强冰雪产业关键技术的研发攻关

一、聚焦冰雪运动器材与装备技术突破

（一）创新冰雪器材材料与工艺技术

研发新型轻质高强度材料，不仅可以显著提升冰雪运动器材的性能，还能提高安全性，减少运动员的负担。这些材料通过精细的结构设计和先进的制造

工艺，实现了在强度和重量上的最佳平衡，为运动员提供了更为轻便和可靠的装备。与此同时，纳米技术在冰雪器材表面处理中的应用也在不断探索。通过在器材表面引入纳米级涂层，能够大幅提高器材的耐磨性和防水性，从而延长使用寿命。这些技术的结合，正在为冰雪运动器材的性能提升开辟新的路径。

3D 打印技术的快速发展，为冰雪运动装备的个性化定制提供了新的可能。通过 3D 打印技术，可以根据不同运动员的身体特征和运动需求，量身定制专属装备。这种定制化的装备不仅提高了运动员的舒适度和使用体验，还能够在一定程度上提升运动表现。智能化传感器集成技术的发展，为冰雪运动的训练和比赛提供了实时监测的可能。通过在装备中集成智能传感器，可以实时监测运动员的运动状态和环境条件。这不仅有助于提升训练效果和安全性，还为教练和运动员提供了更为精准的数据支持，以便进行科学的训练调整。

多功能复合材料技术的开发，旨在结合不同材料的优势，提升冰雪器材的综合性能与适应性。通过将多种材料进行复合，能够在满足不同性能需求的同时，保持器材的轻量化和高强度。这种技术的应用，不仅拓宽了冰雪器材的设计和制造思路，也为未来冰雪运动装备的发展提供了更多的可能性。综合来看，冰雪器材材料与工艺技术的创新，不仅推动了冰雪产业的技术进步，也为运动员提供了更为安全和高效的装备支持。

（二）提升冰雪装备的智能化水平

通过开发基于人工智能的运动监测系统，可以实时分析运动员的动作数据，为他们提供个性化的训练建议与反馈。这一技术的应用，不仅能够帮助运动员更好地理解自身的技术动作，还能通过数据分析发现潜在的问题和改进空间，从而在训练中更有针对性地进行调整。这种智能化的监测系统将极大地提升运动员的训练效率和效果，使其在竞争中获得更大的优势。

智能穿戴设备的利用是提升冰雪装备智能化水平的重要方面。通过集成心率、速度、位移等多种传感器，这些设备能够在运动员训练过程中采集大量数据，并进行深度分析。这种数据的实时处理能力，使运动员能够即时了解自身的运动状态，调整训练强度和策略。同时，这些设备还可以为教练提供更全面的运动员表现数据，帮助制订更科学的训练计划，最终提升运动员的竞技水平。

智能化的冰雪装备管理系统的构建，旨在实现装备的状态监测、维护提醒和智能调配。这一系统的开发，将大大提高装备使用效率，减少因装备问题导致的训练和比赛中断。通过对装备使用情况的实时监控，管理者可以及时了解装备的状态，进行必要的维护和调配，确保每一件装备都处于最佳工作状态。这不仅提高了装备的使用寿命，也为运动员提供了更可靠的训练和比赛保障。

在冰雪装备中应用物联网技术，可以研发出支持远程监控与管理的智能设备。这种智能冰雪设备的出现，将为训练和比赛提供更高的安全性和便捷性。通过远程监控，教练和管理者可以实时掌握运动员和装备的状态，及时做出调整和应对措施。同时，物联网技术的应用，也为装备的维护和管理提供了新的思路和方法，使整个管理过程更加高效和智能化。

增强现实技术在冰雪运动中的应用，为运动员提供了虚拟训练环境，模拟不同的冰雪条件。这种技术的引入，不仅能够提升运动员的适应能力，还能在不同环境下进行针对性训练，提高竞技水平。通过虚拟环境的模拟，运动员可以在安全、可控的条件下体验不同的冰雪场景，积累丰富的经验。这种创新的训练方式，将为运动员在实际比赛中提供宝贵的战术和心理准备。

（三）推动冰雪器材环保技术的应用

研发可降解材料用于冰雪运动器材的生产，不仅能降低对环境的影响，还能有效减少塑料污染。在这一过程中，科学家们致力于开发新型材料，这些材料在使用寿命结束后可以自然降解，从而避免传统塑料器材带来的长期环境问题。这不仅体现了科技创新的力量，也为冰雪产业的绿色发展提供了新的方向。

推广使用环保涂料和表面处理技术是确保冰雪器材在整个生命周期内对生态环境友好性的另一重要举措。环保涂料不仅在生产过程中减少了有害物质的排放，而且在使用和废弃阶段也能降低对环境的负担。通过选择合适的表面处理技术，冰雪器材能够在严酷的自然条件下保持性能，同时减少对环境的侵害。这种技术的推广有助于提升冰雪产业的整体环保水平，推动行业的绿色转型。

探索利用再生材料制造冰雪运动装备，是提升资源循环利用率和降低生产成本的有效途径。再生材料的使用不仅能减少对原生资源的依赖，还能在一定程度上降低生产过程中的能耗和成本。通过技术创新，将废旧材料转化为高性能的冰雪装备，不仅体现了循环经济的理念，也为冰雪产业的可持续发展提供了有力支撑。这样的实践为其他行业的绿色创新提供了可借鉴的经验。

建立冰雪器材的回收与再利用体系是减少资源浪费的重要手段。鼓励消费者回收旧装备，不仅能有效减少废弃物对环境的压力，还能通过再利用创造新的经济价值。通过建立完善的回收网络和再利用机制，冰雪产业可以实现资源的高效循环利用，推动行业的绿色发展。这一体系的建立需要政府、企业和消费者的共同努力，以实现资源的可持续管理。

引入生命周期评估技术，对冰雪器材的环境影响进行全面评估，是指导生产和设计环保决策的科学依据。生命周期评估技术通过对产品从原材料获取到最终废弃处理全过程的环境影响进行分析，为企业提供了量化的环境数据支持。这一技术的应用不仅能帮助企业优化生产工艺，减少环境负担，还能在产品设计阶段就考虑到全生命周期的环保要求，从而推动冰雪器材的可持续发展。

二、推动冰雪场地设施的智能化升级

（一）智能化雪场管理系统的研发

开发基于物联网技术的智能雪场管理系统是提升雪场管理效率的关键一步。通过物联网技术的应用，雪场设备可以实现实时监控与状态反馈，这不仅提高了设备的使用效率，还能有效降低运营成本。实时的设备监控使管理人员可以迅速响应任何异常情况，从而减少因设备故障导致的停机时间。这种技术的应用有助于雪场实现精细化管理，进一步推动冰雪产业的可持续发展。

集成大数据分析功能是智能化雪场管理系统的重要组成部分。通过对游客流量和雪场使用情况的分析，管理者可以优化雪场的运营策略与资源配置。大数据分析为管理者提供了翔实的数据支持，使雪场的运营决策更加科学和合理。通过分析游客的行为模式和偏好，雪场可以在资源分配上做到有的放矢，提升整体运营效率。同时，这种数据驱动的决策过程也为雪场的长期发展提供了战略支持，帮助其在竞争中保持优势。

建立智能化的天气监测系统是确保雪场安全运营的重要手段。通过实时获取气象数据，雪场管理者可以更好地支持运营决策与安全管理。天气监测系统不仅能够提供当前的气象状况，还能预测未来的天气变化，使雪场能够提前做好应对准备。这种系统的应用在提高雪场的安全性方面发挥了重要作用，尤其是在极端天气条件下，及时的预警可以有效减少安全事故的发生，确保游客和工作人员的安全。

设计用户友好的移动应用程序是提升游客体验的重要举措。移动应用程序为游客提供了在线预约、信息查询和实时状态更新等功能，使游客能够更方便地规划和管理他们的雪场活动。这种便捷的服务不仅提升了游客的体验满意度，也提高了雪场的服务质量。通过移动应用程序，雪场可以与游客建立更紧密的联系，从而增强客户忠诚度，并吸引更多的潜在客户。

实施智能化的安全监控系统是保障游客安全的有效手段。利用视频分析和传感器技术，雪场可以及时识别和预警潜在的安全隐患。这种系统能够在第一时间发现异常情况，并迅速采取措施，避免事故的发生。智能化的安全监控系统不仅提升了雪场的安全管理水平，也增强了游客的安全感，使他们能够更加安心地享受冰雪运动的乐趣。这种技术的应用为雪场的安全运营提供了强有力的保障，确保了冰雪产业的健康发展。

（二）自动化维护与清洁技术的应用

自动化清洁机器人通过集成先进的传感器和智能算法，能够实现对雪场表面的自动清扫与维护。与传统的人工清扫相比，自动化清洁机器人不仅能够大幅提升作业效率，还能在极端天气条件下保持稳定的工作性能，从而确保雪场的畅通与安全。通过这种技术的应用，雪场运营者可以更好地管理人力资源，同时提供给滑雪者更为优质的滑雪体验。

在冰雪场地的智能化升级中，无人机技术的引入为雪场巡检提供了新的解决方案。无人机能够实时监测场地状况，及时发现并处理潜在的安全隐患。相比传统的人工巡检，无人机能够覆盖更大的区域，并在短时间内获取高精度的数据。这不仅提高了巡检的效率，也增强了安全管理的能力。通过无人机的实时监控，雪场管理者可以迅速响应突发事件，确保滑雪者的安全。此外，利用无人机获取的数据，管理者还可以进行更为精准的场地维护和规划。

建立智能化的设备维护系统对于优化冰雪场地的运营至关重要。通过数据分析技术，该系统能够预测设备的故障风险，并据此优化维护计划。这种预测性维护不仅能够降低设备的故障率，还可以显著降低运营成本。通过对设备运行数据的实时分析，管理者可以提前识别潜在问题，从而在故障发生之前采取预防措施。这种主动维护的策略，不仅延长了设备的使用寿命，还提高了整个场地运营的稳定性和可靠性。

自动化喷雪系统的应用，确保了雪场的雪质和覆盖率，从而提升了滑雪者的体验。传统的人工喷雪方式，往往难以保证雪质的一致性，而自动化系统则通过精确的控制和调节，实现了雪场各区域的均匀覆盖。这种技术的应用，不仅降低了人工成本，还提高了作业的效率和质量。通过对喷雪过程的智能化管理，雪场可以在不同的天气条件下，灵活调整喷雪策略，以适应滑雪者的需求。

（三）智能照明与能效优化技术

通过引入LED智能照明系统，不仅能够显著降低能耗，还能延长灯具的使用寿命。这种技术的应用，不仅提升了冰雪场地的能效表现，也为企业节省了大量的能源成本。LED智能照明系统的优势在于其高效率和长寿命，能够在大幅减少能耗的同时，提供稳定而优质的照明效果，使冰雪场地在运营过程中更加环保和经济。

智能控制技术的应用，使照明系统能够根据场地的使用情况自动调节照明强度。这种自动化的调节机制，确保了在不同的时间段内，场地都能提供适宜的光照条件，从而提升游客的体验感。这种技术的智能化不仅体现在节能方面，更重要的是它能够根据实时需求调整灯光，避免了过度照明或不足照明的情况，保证了场地的最佳使用状态。

实施光照监测系统是优化冰雪场地照明布局的关键措施。通过实时收集和分析数据，能够有效减少不必要的光污染，保护周边的生态环境。这一措施不仅符合现代环保理念，也体现了冰雪场地运营者对环境责任的重视。光照监测系统能够提供精准的数据支持，使照明布局更加科学合理，既满足了场地的功能需求，也为环境保护贡献了一份力量。

在智能照明系统中，结合太阳能等可再生能源，设计混合供电照明系统，是实现绿色可持续发展的重要途径。通过这种方式，不仅进一步降低了运营成本，还减少了对传统能源的依赖。这种绿色照明方案，充分利用了自然资源，体现了冰雪产业在能源利用上的创新和责任。混合供电系统的应用，不仅是技术上的突破，更是对可持续发展理念的实践。

三、研发冰雪运动训练与数据分析系统

（一）构建冰雪运动训练智能评估模型

在现代冰雪运动的训练中，建立基于运动员生理数据的智能评估模型，能够通过实时监测心率、肌肉疲劳和运动表现等指标，为训练方案提供科学依据。通过这些生理数据的综合分析，教练员可以更准确地了解运动员的身体状态，从而制订更为合理的训练计划。此外，这种智能评估模型还能够帮助识别运动员在训练中的弱点，进而有针对性地进行改进和提升。

开发多维度的运动表现分析系统是提升冰雪运动训练效果的关键步骤。该系统结合技术动作、力量输出和技巧表现等多方面的数据，全面评估运动员的训练效果与进步。通过对这些数据的细致分析，教练员可以更全面地了解运动员的能力水平和进步空间。这种多维度的分析不仅能够帮助运动员提高技术水平，还能为其制订更为科学的训练方案提供数据支持，确保训练的高效性和针对性。

引入机器学习算法是提升冰雪运动训练智能化水平的重要手段。通过分析历史训练数据，机器学习算法能够预测运动员的竞技状态与潜在表现。这种预测能力有助于教练员在制订训练计划时更加个性化和精准化，确保每位运动员都能在最佳状态下迎接比赛。同时，机器学习算法还能帮助识别运动员在训练中的潜在风险，提前采取措施进行预防，保障运动员的健康与安全。

（二）优化冰雪运动训练的个性化方案

基于运动员的生理特征，制订个性化的训练计划，可以有效地优化其体能和技术表现。每位运动员都有其独特的生理结构和功能特点，这要求训练方案必须因人而异，以最大化地发挥其潜能。通过对运动员的心肺功能、肌肉力量、柔韧性等方面的详细分析，教练能够设计出更具针对性的训练计划，以提高运动员的爆发力、耐力和协调性。这种个性化的训练方式不仅能提高训练效率，还能有效预防运动损伤。

利用数据分析技术，实时监测运动员的训练效果，是确保训练科学性和有效性的重要手段。通过高精度的数据采集设备，教练可以获取运动员在训练过程中的各种生理和技术指标。这些数据经过分析后，可以为教练提供关于运动员状态的即时反馈，从而帮助他们及时调整训练内容和强度。通过这样的动态调整，训练过程不仅能更好地适应运动员的状态变化，也能持续推动其竞技水平的提高，确保每一次训练都能达到预期的效果。

结合运动员的心理状态，设计针对性的心理训练方案，是提升其比赛时心理素质与应对能力的重要环节。在高强度的冰雪运动中，运动员的心理状态对其表现有着至关重要的影响。因此，心理训练方案应当根据运动员的心理特征和比赛需求进行个性化设计。通过心理测试和观察，教练可以识别运动员的心理优势和弱点，从而制定相应的训练策略。这不仅有助于提高运动员的自信心和抗压能力，还能增强其在比赛中的专注力和决策能力。

通过虚拟现实技术模拟不同的比赛环境，为运动员提供多样化的训练场景，可以显著增强其适应能力与应变能力。虚拟现实技术的应用使运动员能够在安全可控的环境中体验各种比赛情境，无论是复杂的地形条件还是多变的天气状况。这样的训练方式不仅能提高运动员对环境变化的适应能力，还能帮助他们在比赛中更加从容地应对突发情况。此外，虚拟现实技术还可以用于模拟对手的战术策略，使运动员在训练中提前做好应对准备，从而在实际比赛中占据更有利的位置。

（三）建立训练数据的云存储与共享平台

训练数据的云存储与共享平台的建立旨在集中管理冰雪运动员的训练数据，确保其安全性与可靠性。通过云存储技术，教练和运动员可以便捷地访问和分析数据，这不仅提高了数据管理的效率，还为后续的分析应用奠定了坚实的基础。云存储平台的设计需要考虑用户友好的界面，使得不同技术水平的用户都能轻松上手。这种设计不仅提升了数据使用的便捷性，还能鼓励更多的教练和运动员积极使用平台，从而充分发挥数据的价值。

为了进一步提高平台的实用性，数据的实时更新与同步功能必不可少。这一功能的实现确保所有相关人员，包括教练、运动员和技术支持团队，能够及时获取最新的训练信息。这种实时性不仅有助于提高训练的针对性和有效性，还能促进团队成员之间的协作与沟通。通过及时的信息共享，团队可以快速调整训练计划，优化运动员的训练效果，最终提升整体竞技水平。

构建一个安全的数据共享机制也是平台建设的关键。该机制允许不同团队和机构之间安全地交换训练数据，推动技术交流与资源共享。通过这样的共享机制，各团队可以借鉴其他团队的成功经验，避免重复劳动，从而加快技术创新的步伐。此外，数据共享还能促进跨界合作，推动冰雪产业的整体发展。为了确保数据共享的安全性，必须建立严格的访问权限控制和数据加密措施，以防止数据泄露和滥用风险。

四、加强冰雪产业材料科学与环保技术研究

（一）高效冰雪材料的开发与应用

为了提升冰雪运动器材的耐用性和安全性，研发具有优异性能的高效冰雪材料显得尤为重要。这些材料不仅需要在极端气候条件下保持卓越的物理性能，

还需确保运动员在比赛中的最佳表现。通过对材料结构和成分的深入研究，科学家们可以设计出更具弹性和韧性的材料，从而提高器材的抗冲击性和抗疲劳性。这不仅有助于延长器材的使用寿命，还能有效减少因器材故障而导致的运动风险。

在冰雪装备的研发过程中，探索新型环保材料的应用是推动可持续发展的关键。传统材料在生产和使用过程中往往会对环境造成一定的负担，因此，寻找环保替代材料成为当前研究的重点之一。这些新型材料需要在不牺牲性能的前提下，减少对环境的影响。例如，生物降解材料和可再生资源的利用，可以有效降低碳足迹。同时，开发可循环利用的材料体系，也为冰雪产业的绿色发展提供了新的路径。

纳米技术的应用为冰雪材料的性能提升提供了新的可能性。通过纳米技术，可以显著改善材料的表面性能，如增强抗磨损、抗水性等特性。这些改进不仅能有效延长装备的使用寿命，还能提高运动员在冰雪运动中的安全性和舒适度。纳米材料的精细结构使其在微观层面上具有独特的物理和化学性质，从而在宏观应用中表现出优异的性能。此类技术的深入研究和广泛应用，将为冰雪产业带来革命性的变化。

智能材料的开发是冰雪材料科学的前沿领域。这些材料能够根据环境变化自动调节自身的性能，以适应不同的冰雪运动需求。例如，智能材料可以在温度变化时自动调整其硬度和柔韧性，从而为运动员提供最佳的运动体验。这种自适应特性不仅提高了运动装备的功能性，还为冰雪运动的多样化和个性化发展提供了可能。随着技术的不断进步，智能材料在冰雪产业中的应用前景将越发广阔。

建立高效冰雪材料的标准化测试体系是确保新材料在实际应用中可靠性和一致性的基础。标准化测试体系的建立，不仅能为材料的研发提供科学依据，还能为行业内的技术交流和合作提供平台。通过制定统一的测试标准，可以有效评估材料在不同环境条件下的性能表现，从而指导实际应用中的材料选择和工艺优化。这一体系的完善，将为冰雪产业的技术进步和市场拓展提供坚实的保障。

（二）冰雪材料的循环利用技术

随着冰雪运动的普及，冰雪器材的需求量不断增加，如何在满足市场需求的同时减少资源浪费成为一个关键问题。开发可回收材料用于冰雪器材的生产，是实现这一目标的重要途径。在产品生命周期结束后，通过有效的回收与再利用措施，可以显著降低资源浪费。这不仅有助于节约原材料，还可以减少对环境的负面影响。通过技术创新和材料科学的进步，冰雪产业可以在环保与经济效益之间找到平衡，实现可持续发展。

建立冰雪装备回收体系是推动冰雪材料循环利用的重要步骤。通过鼓励消费者将使用过的器材返还至指定地点，企业可以对这些器材进行专业回收与再处理。这种回收体系不仅有助于材料的再利用，还可以为消费者提供便利，增强其环保意识。为了确保回收体系的有效运行，企业需要与政府和相关机构合作，制定回收标准和流程，确保回收过程的透明和高效。此外，消费者的积极参与也是回收体系成功的关键，企业可以通过宣传和激励措施，提高消费者的参与度。

循环经济理念的引入，为冰雪产业材料的循环利用提供了新的思路。通过推动上下游企业的协作，共同开发和实施材料回收与再利用技术，冰雪产业可以形成闭环经济模式。这种模式不仅有助于资源的高效利用，还可以促进产业链各环节的协同发展。企业可以通过共享技术和资源，实现共同进步。同时，闭环经济模式也可以为企业带来新的商业机会，提高其市场竞争力。在这一过程中，政府的政策支持和行业标准的制定至关重要。

先进的分解技术的应用，是实现冰雪器材材料循环利用的重要手段。通过将旧冰雪器材转化为新的原材料，可以显著降低新材料的生产需求。这不仅减少了对自然资源的依赖，还降低了生产过程中的环境负担。分解技术的创新，需要企业不断加大研发投入，提升技术水平。同时，企业还可以通过与科研机构的合作，推动技术的快速转化和应用。通过技术的不断进步，冰雪产业可以在环保和经济效益之间实现双赢。

（三）绿色环保材料在冰雪装备中的应用

绿色环保材料的使用可以显著减少传统材料在生产和使用过程中对环境的负面影响。在冰雪装备的制造过程中，选择低环境负荷的材料，不仅能够降低生产过程中的污染排放，还能在产品生命周期结束后减少废弃物的产生。通过这种方式，冰雪产业能够在满足消费者需求和市场发展的同时，积极响应全球环保政策的要求。

开发基于天然材料的冰雪装备，是减少对环境污染的重要途径。天然材料通常具有可再生性和生物降解性，这使它们在使用后对环境的影响大大降低。通过研发新型天然纤维和复合材料，冰雪装备制造商可以生产出更具环保特性的产品。这不仅有助于减少化石资源的消耗，还能在产品报废时通过自然降解减少对环境的长期影响。此类创新将推动冰雪产业向更具生态责任感的方向发展，同时也为企业创造新的市场机遇。

应用生物基材料替代传统塑料，是降低冰雪装备碳足迹的有效策略。生物基材料来源于可再生生物资源，其生产过程中的碳排放通常低于石油基塑料。通过在冰雪装备中引入生物基材料，制造商能够降低产品的整体碳足迹，进而促进生态友好型产品的普及。这一转变不仅符合全球减碳趋势，还能吸引越来越多关注环保的消费者，从而提升企业的市场竞争力。

采用可降解材料制造冰雪运动器材，确保其在使用寿命结束后能够自然分解，是解决垃圾填埋问题的关键。传统塑料器材的降解周期长，对环境的压力大，而可降解材料则能够在较短时间内被自然分解，减少对土壤和水体的污染。通过技术创新，研发出性能优异且可降解的材料，冰雪产业可以在不牺牲产品质量的前提下，实现环保目标。这不仅有助于减少垃圾填埋场的压力，也为未来的环保法规做好准备。

探索再生材料在冰雪装备中的应用，是提升资源循环利用率的有效途径。再生材料的使用可以显著降低生产成本，同时减少对原生资源的依赖。通过将生产过程中产生的废料和消费者使用后的废弃装备回收再利用，企业能够实现资源的闭环管理。这种循环经济模式不仅能够提高材料的利用效率，还能减少环境污染，推动冰雪产业的可持续发展。

推动绿色认证体系的建立，能够鼓励企业使用环保材料，并提升消费者对绿色产品的认知与接受度。绿色认证体系通过对产品的环保性能进行评估和认证，为消费者提供可信赖的购买依据。这种体系的建立可以引导市场向环保方向发展，激励企业在产品设计和生产过程中更多地考虑环境因素。通过这种方式，冰雪产业不仅能够实现技术创新，还能在绿色经济中占据重要地位。

第四节　建立冰雪产业技术创新成果转化机制

一、推动技术与市场需求的对接

（一）市场需求导向的技术研发

明确市场需求是推动技术研发方向与重点的关键，这不仅能够确保新技术满足消费者的实际需求和偏好，还能提升产品的市场竞争力。通过对市场需求的深入分析，企业能够更好地识别出消费者在冰雪产品和服务方面的期望，从而指导技术研发的具体方向。同时，市场需求的变化也为技术创新提供了新的灵感和动力，促使企业不断调整和优化其研发策略，以适应不断变化的市场环境。

建立市场反馈机制是确保技术研发与市场需求紧密结合的重要手段。通过及时收集和分析用户反馈，企业可以获得有关产品性能、用户体验和市场趋势的宝贵信息。这些信息不仅有助于指导后续的技术改进和产品开发，还能帮助企业快速响应市场变化，调整产品策略。市场反馈机制的有效运行依赖信息的快速传递和处理能力，因此，企业需要建立高效的信息收集和分析系统，以确保市场反馈能够及时转化为研发和生产的行动方案。

加强与行业协会和市场研究机构的合作是识别潜在技术创新机会的重要途径。行业协会和市场研究机构通常具备丰富的市场信息和专业的趋势分析能力，通过与它们的合作，企业可以获得更为全面和深入的市场洞察。这种合作不仅有助于企业识别市场中的技术创新机会，还能为企业的技术研发提供数据支持和方向指引。此外，行业协会和市场研究机构的专业网络和资源也能为企业的技术创新提供更多的合作机会和平台。

设立跨部门协作团队是实现技术研发与市场需求有效对接的关键措施。通过将市场营销、研发和生产等多方资源整合，企业能够更好地协调各部门的工作，提高研发效率和产品质量。跨部门协作团队能够通过充分的沟通和资源共享，确保技术研发与市场需求的紧密结合，从而提升产品的市场适应性和竞争力。这样的协作模式不仅有助于技术创新的成功转化，还能促进企业内部的创新文化和团队合作精神。

（二）产品创新与市场趋势分析

市场需求变化是推动产品创新的重要动力，识别消费者对冰雪产品的偏好与期望，确保产品设计与开发能够紧密贴合市场趋势，是企业保持竞争力的关键。通过分析市场需求的变化，企业可以精准把握消费者的需求，从而在产品设计阶段就融入市场所需的元素，提升产品的市场接受度和用户满意度。市场趋势不仅影响当前的产品开发方向，还为企业未来的发展提供战略指引。

开展定期的市场调研是冰雪产业保持产品创新活力的重要手段。通过收集用户反馈和监测竞争对手动态，企业可以获得宝贵的数据支持。这些数据不仅帮助企业了解用户体验和需求的变化，还揭示了市场竞争格局的演变，为产品创新提供了科学依据。市场调研的结果可以指导研发方向，使企业在产品开发过程中更具针对性和前瞻性，从而在激烈的市场竞争中占据有利地位。

结合新兴科技，如人工智能和大数据，冰雪产业可以显著优化产品开发流程。利用人工智能技术，企业可以实现产品的个性化定制，满足不同消费者的独特需求，提升用户体验。大数据分析则可以帮助企业从海量信息中提取有价值的洞察，指导产品创新和市场策略的制定。通过科技的赋能，冰雪产业能够更快速地响应市场变化，提高产品开发的效率和创新水平。

建立跨行业合作机制是拓展冰雪产业产品创新空间的重要策略。通过与旅游、文化等领域的融合，冰雪产业可以创造出更具吸引力的产品和服务，开辟新的市场机会。跨行业合作不仅能丰富冰雪产品的内涵，还能为消费者提供多样化的体验，增强产品的市场竞争力。在全球化和信息化的背景下，跨行业合作成为冰雪产业实现可持续发展的重要路径，推动产业链的延伸和价值的提升。

（三）建立技术转化与市场反馈机制

技术转化机制的建立旨在促进科研成果与市场需求的高效对接，确保技术创新能够迅速转化为实际应用。通过这一机制，科研人员和企业能够更好地理解市场需求，进而推动创新技术的有效应用。构建这样的机制不仅有助于提高技术转化的效率，还能增强产业的整体竞争力，使冰雪产业能够在全球市场中占据更有利的地位。

为了提高技术转化的成功率，制定明确的技术转化流程至关重要。这一流程应包括技术评估、市场调研和商业化策略等多个环节。技术评估可以帮助识别最具潜力的科研成果，而市场调研则有助于了解消费者的实际需求。商业化策略的制定则是确保技术能够顺利进入市场并实现盈利的关键。通过这一系统化的流程，技术转化的成功率将得到显著提升，从而推动冰雪产业的可持续发展。

搭建技术转化服务平台是支持企业实施技术转化的重要举措。该平台可为企业提供技术咨询、市场分析和融资支持等服务，帮助企业更好地应对技术转化过程中遇到的各种挑战。通过技术咨询，企业能够更清晰地了解技术应用的可行性；市场分析则为企业提供市场需求和竞争环境的洞察；融资支持则为企业提供必要的资金保障。这些服务的综合提供，将大大增强企业的技术转化能力。

建立技术转化后的市场反馈机制是技术创新闭环的重要组成部分。通过定期收集用户体验和市场反应，企业可以及时调整和优化产品和技术，以更好地满足市场需求。市场反馈机制不仅有助于提高产品的市场适应性，还能为未来的技术创新提供宝贵的数据支持。通过这一机制，冰雪产业的技术创新将更加贴合市场实际需求，从而实现更高效的资源配置和更大的经济效益。

二、构建创新成果产业化生态体系

（一）搭建完善的创新成果孵化与加速平台

孵化平台不仅是技术创新的摇篮，更是推动产业发展的关键环节。通过建立多层次的孵化机制，初创企业能够在冰雪产业领域获得全方位的支持。具体而言，这些机制包括提供资金、技术和市场资源的综合支持，以帮助初创企业在技术研发和市场推广中取得突破。这样的支持体系不仅能降低技术开发的风险，还能为企业提供一个稳健的成长环境，确保创新成果能够顺利进入市场。

专业化的加速器平台的搭建尤为重要。加速器平台通过提供导师指导、行业资源和市场对接等服务，帮助冰雪科技项目快速成长。这些平台能够为项目提供一个快速发展的通道，使创新成果能够更快速地实现商业化。通过加速器的支持，初创企业可以在短时间内获得行业内的专业指导和资源，极大地提高了项目成功的概率，并推动冰雪产业的整体发展。

设立创新成果转化基金是推动冰雪科技项目发展的重要举措。此类基金通过提供种子资金，降低了创业者在初期阶段面临的财务风险，激励更多创新成果的落地实施。转化基金不仅为有潜力的项目提供了必要的资金支持，还通过风险分担机制鼓励更多的创新尝试。这种资金支持机制在推动冰雪产业的技术进步和创新成果的市场化方面发挥了不可或缺的作用。

构建跨行业的合作网络是实现冰雪产业创新成果快速转化的有效途径。通过促进冰雪产业与其他相关领域的资源共享与技术交流，可以实现多方合作，推动创新成果的快速转化。这种跨行业的合作不仅能够带来新的技术和市场机会，还能为冰雪产业的发展带来更多的可能性。通过合作网络，各行业可以共享最佳实践和技术创新，从而加速冰雪产业的技术进步和市场扩展。

（二）实施多元化的创新成果融资支持

建立多元化的融资渠道至关重要，通过鼓励风险投资、天使投资和政府补助等多种形式的资金支持，可以有效满足冰雪产业创新项目的资金需求。这种多样化的资金支持机制不仅能够为初创企业提供必要的资金保障，还能为成熟企业的技术升级和市场拓展提供动力。特别是在冰雪产业这样一个具有高技术壁垒和市场不确定性的领域，风险投资和天使投资的参与可以为企业提供更为灵活和长远的资本支持。

推动金融机构与冰雪产业的合作是实现多元化融资支持的关键措施。通过开发专门针对冰雪科技创新的贷款产品和融资方案，金融机构可以有效降低企业的融资成本，提升企业的资金使用效率。这种合作模式不仅有助于金融机构拓展新的业务领域，还能为冰雪产业提供更为精准的金融服务支持。例如，开发针对冰雪设备研发的专项贷款产品，或是提供灵活的还款方案，均能在一定程度上缓解企业的资金压力，助力科技创新。

设立专项基金是支持高潜力冰雪科技项目的重要举措。通过股权投资或债务融资等方式，专项基金可以为具有高成长潜力的项目提供直接的资金支持。这种基金的设立不仅能够吸引更多社会资本的参与，还能为冰雪产业的科技创新提供更为稳定的资金来源。专项基金的运作需要结合市场需求和技术发展趋势，精准识别和投资高潜力项目，以实现资金的高效配置和产业的可持续发展。

开展创新成果路演活动是促进科研人员与投资者直接对接的重要途径。通过路演活动，可以提升投资者对冰雪产业科技创新项目的认知与兴趣，增加项目的曝光度和影响力。这种直接对接的方式有助于缩短融资周期，提高项目融资成功率。此外，路演活动还可以为科研人员提供展示创新成果的平台，增强其与市场的互动，进一步推动冰雪产业的科技创新和成果转化。

（三）构建高效的科技成果评估与转化机制

第一，建立明确的科技成果评估标准。评估标准应涵盖技术可行性、市场需求和经济效益等多个维度，以提升评估的科学性与准确性。通过对技术可行性的评估，可以确保技术在实际应用中的可操作性；市场需求的评估则有助于判断技术的市场潜力；而经济效益的评估则为技术的商业化提供了经济基础。只有在这些方面都进行全面评估，才能确保科技成果在转化过程中具有实际价值。

第二，构建多方参与的评估机制。邀请行业专家、科研人员和市场分析师共同参与成果评估，可以从不同的视角对科技成果进行综合分析。行业专家可以提供技术层面的专业意见，科研人员能够从创新角度提出改进建议，而市场分析师则能够通过市场预测为技术转化提供市场导向。多方参与不仅提高了评估的全面性，还能通过不同的专业视角提升评估的客观性，从而为科技成果的转化奠定坚实的基础。

第三，制定灵活的技术转化路径。根据不同类型的科技成果特点，设计相应的转化策略，可以有效提高成果转化的成功率和市场适应性。对于具有高技术壁垒的创新成果，可以通过与行业龙头企业合作进行转化，以便利用其市场资源和技术优势。对于市场导向明确的技术，可以通过自主创业的形式进行快速转化。灵活的转化路径不仅提高了成果的市场适应性，还能根据市场变化及时调整策略，增加技术转化的灵活性和成功率。

第四，建立持续的市场反馈机制。通过定期收集和分析用户对已转化科技成果的使用体验和市场反应，可以为后续的技术改进与产品优化提供依据。市场反馈不仅可以帮助识别技术应用中的潜在问题，还能为技术创新提供新的方向指引。通过对用户反馈的深入分析，企业可以不断优化产品性能，提高用户满意度，从而在竞争激烈的市场中保持技术优势。持续的市场反馈机制不仅是技术改进的基础，也是产业化生态体系中不可或缺的一环。

三、促进产学研合作转化机制

（一）建立高效的产学研沟通渠道

高效的沟通渠道是确保产学研合作顺利进行的关键。通过建立定期的产学研交流会议，各方可以面对面分享最新的研究成果与市场需求。这种直接的互动不仅有助于消除信息不对称，还能激发创新灵感，形成更具市场导向的研究方向。交流会议的组织需要充分考虑参与者的背景和需求，以确保讨论的深度和广度能够覆盖到产业发展的关键问题。

为了适应信息化时代的需求，开发在线沟通平台成为必然选择。该平台应具备资源共享与信息交流的功能，支持各方实时更新项目进展与技术动态。这种数字化的沟通方式打破了时间和空间的限制，使合作更加灵活高效。平台的成功运作依赖于良好的用户体验和信息安全保障，确保所有参与者能够无障碍地获取所需信息，并在安全的环境下进行交流。

设立联合研究基金是促进产学研合作的重要激励措施。通过共同申报科研项目，企业与学术机构能够实现资源的高效配置。基金的设立需要明确的管理机制和评估标准，以确保资金投向具有潜力的项目，并促进成果的共享。联合研究基金不仅推动了技术的创新，也为产业链上下游的合作奠定了基础，助力冰雪产业的可持续发展。

推动产学研合作的实习与实践项目，可以有效增强学生的实际操作能力。通过在真实环境中进行实践，学生能够更好地理解行业需求与技术应用。这种实践经验不仅提升了学生的就业竞争力，也为企业提供了新鲜的创新思维。实习与实践项目的设计应注重与企业需求的对接，确保学生所学与所用的一致性，从而实现教育与产业发展的双赢。

（二）推动跨领域的联合研发项目

通过建立跨领域联合研发项目的政策支持体系，可以有效鼓励企业、高校和科研机构共同申报相关科技项目，形成协同创新的合力。这样的机制不仅能够整合各方的优势资源，还能打破单一领域的技术壁垒，使不同学科之间的知识和技术能够相互融合，产生新的创新点。这种跨领域的合作方式，有助于提升冰雪产业在全球市场中的竞争力，也为产业的可持续发展提供了强有力的技术支持。

推动多学科团队的组建，是实现跨领域联合研发项目成功的关键。通过整合冰雪产业、旅游、科技等领域的专家资源，可以提升研发项目的综合性与创新性。多学科团队的合作，不仅能够从不同的视角审视技术问题，还能在项目研发的过程中，激发各领域专家的创新思维，推动技术的不断突破。这种合作模式，能够有效提升研发项目的整体质量，使冰雪产业的技术创新更具市场价值和应用潜力。

设立跨领域研发的专项资金，对于推动创新项目的启动和实施至关重要。专项资金的设立，可以有效降低参与方的研发风险，激励更多企业参与合作。这不仅有助于吸引更多的科技人才和企业加入冰雪产业的技术创新，还能通过资金的支持，确保那些具有潜力的创新项目能够顺利推进。通过专项资金的支持，跨领域联合研发项目能够在技术研发、市场推广等方面获得更大的发展空间，为冰雪产业的科技创新注入新的活力。

构建跨领域成果转化的流程机制，是确保不同领域的技术与市场需求之间有效对接的关键措施。通过优化成果转化的流程机制，可以提升创新成果的市场化能力，使技术创新能够更快、更好地转化为实际的市场应用。这不仅能够提高项目的经济效益，还能通过技术的市场化应用，推动冰雪产业的整体发展。有效的流程机制，能够确保各方的利益得到合理分配，激励更多的企业和科研机构参与技术创新的行列。

定期举办跨领域的技术交流与研讨会，是促进各方经验分享与技术碰撞的重要平台。通过技术交流与研讨会，各领域的专家和从业者能够分享最新的研究成果和技术经验，激发新的合作机会与创新灵感。这种交流与合作，不仅能够提升冰雪产业的技术水平，还能通过经验的分享和技术的碰撞，推动新技术的不断涌现，为冰雪产业的未来发展提供源源不断的动力。

（三）增强科研成果的产业导向性

冰雪产业的特殊性要求科研成果不仅具备技术创新性，还需具备市场适应性，以满足不断变化的消费者需求。为此，科研机构必须在研究初期就明确产业导向，将市场需求作为科研工作的出发点和落脚点。这种导向性不仅能缩短技术研发与市场应用之间的距离，还能提高科研成果的实际应用价值和经济效益。

建立科研成果与市场需求之间的紧密联系是实现产业导向性的关键。科研人员必须深入了解市场动态，通过调研和分析，识别消费者的偏好与需求。这种市场导向的研究方法能够确保技术开发的方向与消费者的实际需求相符，避免科研成果的“高冷”现象。此外，市场导向的研究还需考虑不同市场的差异性，以实现科研成果的多样化应用。通过这种方式，科研机构能够开发出更具竞争力和市场吸引力的产品。

推动科研机构与企业的深度合作，是提升科研成果商业化潜力的有效途径。企业在市场需求和商业化运作方面具有丰富的经验，而科研机构则拥有技术和创新能力。通过建立以市场为导向的联合研发机制，双方可以实现资源共享和优势互补，提升科研成果的市场转化率。这种合作不仅有助于加快技术成果的产业化进程，还能为企业带来新的增长点和竞争优势。

通过市场调研和用户反馈，科研机构可以动态调整科研方向，确保研究项目与行业发展趋势相一致。这种动态调整机制能够及时响应市场变化，保持技术研发的前瞻性和适应性。用户反馈不仅是科研人员了解市场需求的重要渠道，也是技术改进的重要依据。通过持续的市场调研和用户反馈分析，科研机构可以不断优化技术方案，提高科研成果的市场竞争力。

鼓励科研人员参与市场实践是增强科研成果产业适应性的重要措施。通过直接参与市场活动，科研人员可以更深入地理解行业需求和市场变化，从而更准确地把握技术研发的方向。市场实践经验不仅能提升科研人员的市场敏感度，还能增强其对科研成果应用价值的认识。通过这种方式，科研成果的产业适应性和应用价值将得到显著提升，为冰雪产业的发展注入新的活力。

参考文献

[1] 韩夫苓. 体育产业发展趋势研究：以冰雪运动为例［M］. 长春：吉林出版集团股份有限公司，2022.

[2] 刘雪飞. 冰雪体育产业的发展及其发展策略研究［M］. 长春：吉林出版集团股份有限公司，2021.

[3] 吕宁. 休闲产业评价与冰雪产业融合［M］. 北京：旅游教育出版社，2023.

[4] 康翠迪，杜浩，周婧婷. 河北冰雪文化产业发展策略研究［M］. 保定：河北大学出版社，2023.

[5] 倪莎莎，张璐，郑少奇. 冰雪体育文化产业高质量发展研究［M］. 哈尔滨：黑龙江教育出版社，2024.

[6] 常孝国，高微，赵凯. 冰雪体育产业旅游经济研究［M］. 北京：中国商业出版社，2021.

[7] 高斌. 冰雪运动产业发展创新研究［M］. 长春：吉林出版集团股份有限公司，2021.

[8] 陈彩霞. 休闲体育产业科学化经营与管理研究［M］. 北京：中国商业出版社，2023.

[9] 王麟. 冰雪运动产业发展与文化建设［M］. 石家庄：河北科学技术出版社，2020.

[10] 王晓东. 冰雪运动产业化发展研究［M］. 天津：天津科学技术出版社，2020.

[11] 李金辉，刘宇，姜晓阳. 黑龙江省冰雪体育文化产业发展研究［M］. 哈尔滨：黑龙江教育出版社，2021.

[12] 李挺宇，夏天. “双碳”目标下我国冰雪体育产业优化发展研究［M］. 沈阳：辽宁大学出版社，2023.

[13] 吴晓华. 冰雪运动强国多维度发展研究［M］. 北京：光明日报出版社，2021.

[14] 邵桂华. 冰雪经济高质量发展的机理与路径研究［M］. 北京：中国商务出版社，2022.

[15] 裴超. 冰雪旅游与社会经济融合发展研究［M］. 北京：经济日报出版社，2024.